Antonín
DVOŘÁK

STABAT MATER

Op. 58 / B. 71

(1877)

Vocal Score

Klavierauszug

PETRUCCI LIBRARY PRESS

CONTENTS

ORCHESTRA

2 Flutes, 2 Oboes, English Horn, 2 Clarinets, 2 Bassoons
4 Horns, 2 Trumpets, 3 Trombones, Tuba
Timpani, Organ (Harmonium)
Violin I, Violin II, Viola, Violoncello, Double Bass

Duration: ca. 90 minutes
First performance: 23 December, 1880
Prague, Czech Provisional Theatre
Eleanora Ehrenberg, Betty Fibich, Antonin Vavra, Karel Cech (soloists)
Chorus and Orchestra of the Czech Provisional Theatre
Adolf Cech, conductor

Complete orchestral parts compatible with this vocal score are available (Cat. No. A7173) from
E. F. Kalmus & Co., Inc.
6403 West Rogers Circle
Boca Raton, FL 33487 USA
(800) 434 - 6340
www.kalmus-music.com

STABAT MATER

Op. 58 / B. 71

I. Quartetto e Coro

ANTONÍN DVOŘÁK
(1841–1904)

33
molto
cre
38
scen
do
A
43
Vlc.Fag.
dim.
Cl.Cor.
Ob.
Vle
48
Fl.
dolce
Ped. sempre
53
Ob.Vlc.
58
dim.
Ped.

63
dim.
p
morendo
Vlc. Fag.
CORO
Soprani
70
ritard.
a tempo
Alti
Tenori
pp
Sta-bat Ma-ter do - lo - ro - sa jux - ta
Bassi
70
ritard.
a tempo
Cor.
pp
Vle.
76
pp
cru-cem la-cri - mo-sa, jux-ta cru-cem la-cri - mo - sa, dum pen-
76
Ob.
Fl.
f
p
p
pp
fp
pp
fz
Trbni
Ped.

82
pp
Sta - bat Ma - ter do - lo - ro -
pp
Sta - bat Ma - ter do - lo - ro -
pp
de - bat Fi - li - us.
pp
Sta - bat Ma - ter do - lo - ro -
dim.
pp
pp
Ped.
Ped.
Ped. sempre
88
cresc.
sa jux - ta cru-cem la-cri - mo - sa, dum pen - de - bat Fi - li - us.
f
p
pp cresc.
jux - ta cru-cem la-cri - mo - sa, dum pen - de - bat Fi - li - us.
dim.
94
Fl.
Ob.
Cl.
pp
Ped.

CORO-Soprani
molto tranquillo
100
pp
Sta-bat Ma-ter do - lo - ro - sa jux - ta cru-cem la - cri -
molto tranquillo
Cor. col Canto
Archi
ppp
106
mo - sa.
pp
cresc.
Fl.
Ob.
pp
Ped.
113
pp
Sta - - - - bat
Sta-bat Ma-ter do-lo - ro - sa jux - ta cru - cem la-cri-mo -
Sta-bat Ma - ter do-lo - ro - sa jux - ta
Archi

119
p poco a poco cresc.
Sta - bat Ma - ter, sta - bat Ma-ter do-lo - ro - sa,
p poco a poco cresc.
mf cresc.
Ma - ter do - lo - ro - sa jux - ta cru - cem,
p poco a poco cresc.
sa. Sta - bat Ma - ter do - lo-ro - sa,
p poco a poco cresc.
cru - cem la - cri - mo - sa.
119
poco a poco cresc.
fz
mf cresc.
Ped.
Vlc. Cb. Trbni
Ped.
125
mf
molto cresc.
sta - - - - bat Ma - ter do-lo-ro - sa jux - ta
jux - - - ta cru-cem la-cri-mo - sa, jux - ta cru - cem
sta - bat Ma - ter do-lo - ro - - sa jux - ta cru - cem
mf
Sta - bat Ma - ter do - - lo - ro - sa jux-ta cru - cem
125
molto cresc.

130
cru - - - cem la - - - - - - - - - - - - - - - -
la -
la -
la -
ff
134
- - - - - - - - cri - mo - - - sa, dum pen - de - bat,
- - - - - - - - cri - mo - - - sa, dum pen - de - bat
- - - - - - - - cri - mo - - - sa, dum pen - de - bat,
- - - - - - - - cri - mo - - - sa, dum pen - de - bat
ffz
p
fp
Vlc.Fag.
[p]

138
pp
dum pen - de - bat Fi - li-us.
pp
Fi - li-us.
pp
dum pen - de - bat Fi - li-us.
pp
Fi - li-us.
138
Ob.
Fl.
pp
p
pp
142
B
pp
Sta - bat Ma - ter do - lo - ro - - - - - sa
pp
Sta - bat Ma - ter
142
Cl.
Cor.
dolce
Ob.
fz
con Ped.

146
f
p dim.
jux - ta cru - cem
do - lo-ro - sa jux - ta cru - cem la - - - -
mf
Sta - bat Ma - ter do - lo-ro - sa jux - ta
Sta - bat Ma - ter do - lo - ro - sa
Cl.
cresc.
fz
p dim.
150
la - - - - - - - - - - cri - mo - - - - - sa.
- - - - - - - - - - cri - mo - - - - - sa.
cru - cem la - cri - mo - - - - - sa.
jux - ta cru - cem la - cri - mo - - - - - sa.

154
[f]
Sta - bat Ma - ter do - lo -
[f]
Sta - bat Ma - ter do - lo -
fz
Sta - bat Ma - ter do - lo - ro - - - - sa,
154
Cor.
f
158
mf
ro - - - - - - - - - - - - - sa,
mf
ro - - - - - - - - - - - - - sa,
mf
cresc.
sta - - - - bat Ma - ter do - lo - ro - sa, sta -
mf
cresc.
Sta - - - - bat Ma - ter do - lo - ro - - - - - -
158
f
cresc.

161
sta - - bat Ma - - ter do-lo - ro - sa
sta - - bat Ma - - ter do-lo - ro - sa
- - - bat Ma - - ter do-lo - ro - sa.
- sa, sta - bat Ma - - ter do-lo - ro - sa
165
TENORE SOLO
Sta - bat
jux-ta cru-cem la-cri-mo-sa, dum pen-de-bat Fi-li - us.
jux-ta cru-cem la-cri-mo-sa, dum pen-de-bat Fi-li - us.
jux-ta cru-cem la-cri-mo-sa, dum pen-de-bat Fi-li - us.
Cl.
dim.
trem.

Ma - ter do-lo-ro - sa jux-ta cru - cem la-cri -

mo - sa, dum pen-de-bat Fi - li - us.

Cu - jus a __ ni-mam ge - men - tem, con - tri-sta - tam et do -

len - tem, per - trans - i - vit gla - di -

184
us. Cu - jus a-ni-mam ge - men-tem,
Ob.
p
Ped. * Ped. *
188
con tri-sta-tam et do-len - - - tem,
Cl.
dim.
pp
192
per - - - - - trans - i - - - - - - - vit
fz
f
Vla,Cor.
f
p
f
Vlc.Fag.
dim.
196
gla - - di-us.
Fl.Ob.
p
dim.
pp
dim.

200
C SOPRANO SOLO
p
O quam tri-stis et af - fli - cta
CORO
Soprani
pp
O quam tri-stis et af - fli - cta
Alti
pp
O quam tri-stis et af - fli - cta
Tenori
pp
O quam tri-stis et af - fli - cta
Bassi
pp
O quam tri-stis et af - fli - cta
200
Trbe
Archi
Ob.
pp
pp
p
Fag.
Trbni
Ped.
Vlc.
206
p
fu-it il-la be - ne-di - cta.
pp
fu-it il-la be-ne - di - cta.
pp
fu-it il-la be-ne - di - cta.
pp
fu-it il-la be-ne - di - cta.
pp
fu-it il-la be-ne - di - cta.
206
Tr.
Ob.
Fl.
pp
ppp
pp
p
Cl.
Ped.
Fl.
Trbni
Vlc.

213
pp
Ma - ter U - ni - ge - ni - ti!
dim.
Ob.
ppp
Legni
pp
Archi
p
Fl.
219
BASSO SOLO
mf
f
Quae mae - re - bat et do -
f
fp
dim.
223
diminuendo
le - bat, pi - a Ma - ter, dum vi -
pp

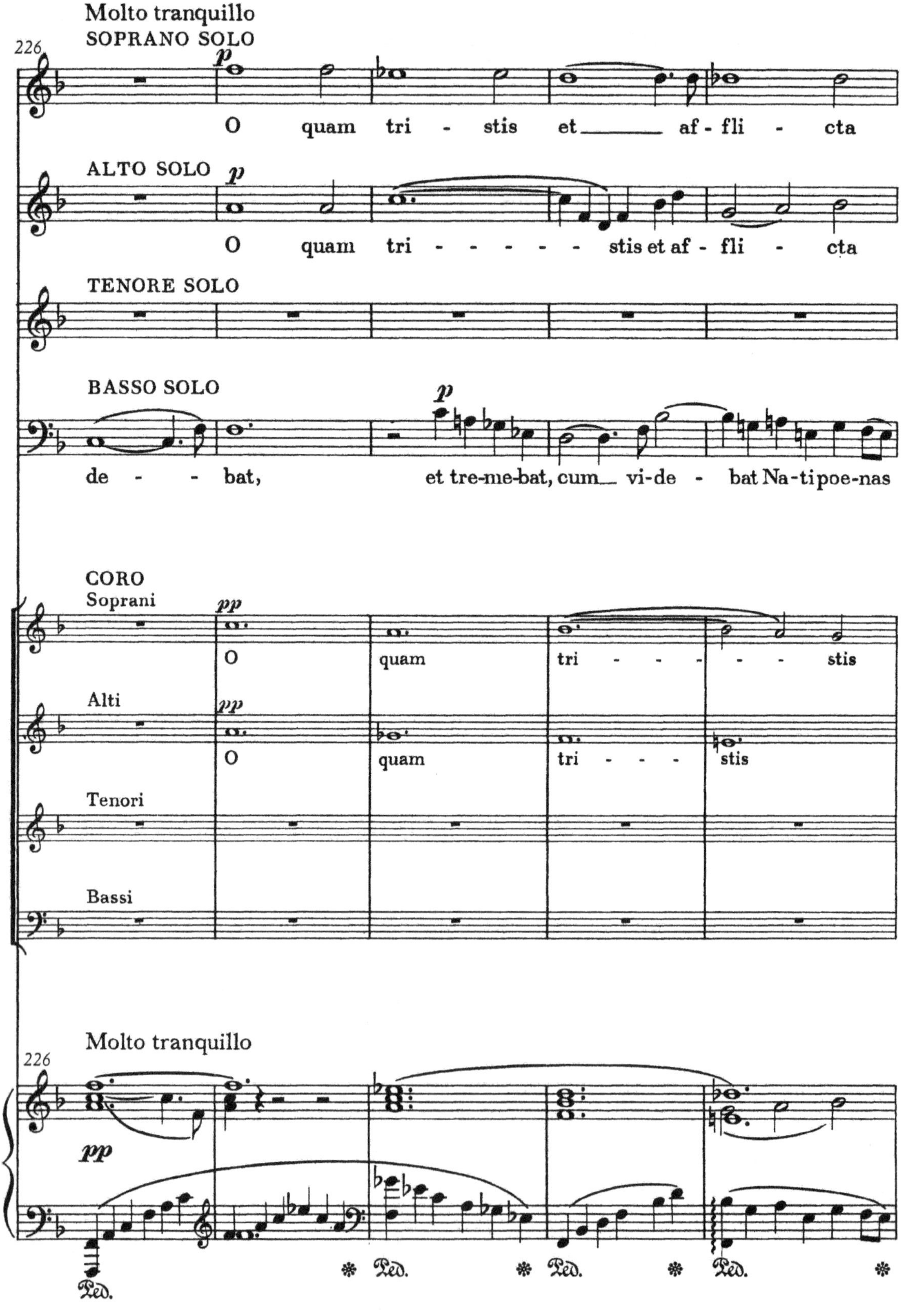
Molto tranquillo
SOPRANO SOLO
226
O quam tri - stis et af - fli - cta
ALTO SOLO
O quam tri - - - - - - stis et af - fli - cta
TENORE SOLO
BASSO SOLO
de - - bat, et tre-me-bat, cum vi-de - bat Na-ti poe-nas
CORO
Soprani
O quam tri - - - - - - stis
Alti
O quam tri - - - stis
Tenori
Bassi
Molto tranquillo
226

fu - it il - la be-ne-di - - - cta.

fu - it il - la be - ne-di - cta

O quam tri - stis et af-fli - - cta fu - it il-la

in - - cli - ti.

et af fli - - cta fu - it il - - la

et af fli - - cta fu - it il - - la

O quam tri - stis et af fli - - cta fu - it il - la

O quam tri - - - - stis

cresc.

Ped.

235
p
dim.
pp
Ma - - - - ter U - ni - ge - ni-
Ma - - - - ter U - ni - ge - ni-
be - ne - di - cta Ma-ter, Ma - ter U - ni -
et tre-me-bat, cum vi - de-bat Na-ti poe-nas in - - - cli - ti!
be - - - - ne - di - cta Ma - - ter U - ni - ge - - ni-
be - - - - ne - di - cta Ma - - ter U - ni - ge - - ni-
be - - - ne - di - cta Ma-ter U - ni - ge - - ni-
et af - - - - - fli - - - - cta.
235
fz
Ped.

239
D
til
Quae mae -
til
Quae mae -
ge - ni - til
til
Quae mae-re-bat et do-
til
Quae mae-re-bat et do-
til
Quae mae-re-bat et do - le - bat,
Quae mae-re-bat et do - le - bat,
239
Ob.
Fl.
Ob.
Cl.
Vlc. Fag.
Trbni

243

re - - bat, dum _____ vi - de - - bat, _____

re - - bat, dum _____ vi - de - - bat,

Quae mae-re - bat et do - le - - bat, dum vi -

Quae mae-re - bat et do - le - - bat,

le - - - bat, pi - - - a Ma - - - ter

le - - - bat, pi - - - a Ma - - - ter

quae mae-re - bat, dum vi-

quae mae-re - bat et do - le - bat, pi - a Ma - ter, dum vi - de - bat

243

246
fz [dim.] p
Na - - - ti poe - - - - - - nas in-cli-ti.
fz [dim.] p
dum vi - de - bat Na - ti poe-nas in-cli-ti.
fz [dim.] p
de - - - - - - - bat Na - ti poe-nas in-cli-ti.
fz [dim.] p
dum vi-de-bat Na-ti poe - nas in-cli-ti.
fz dim. p
dum vi - de - bat Na - ti poe-nas in-cli-ti.
fz dim. p
dum vi - de - bat Na - ti poe-nas in-cli-ti.
fz dim. p
de - - bat Na - ti, Na - ti poe-nas in-cli-ti.
fz dim. p
Na - - ti poe - nas, poe - nas in-cli-ti.
246
Cl.
fz p p dolciss.
pp
Ped. Ped.

250

p

Quae mae-re - bat et do - le - bat, pi - a Ma - ter, dum vi -

pp

Quae _____ mae - re - - - bat et _____ do -

pp

Quae _____ mae - re - - - bat et _____ do -

pp

Quae mae-re-bat et do-le - bat, quae mae-re-bat et do-le - bat,

pp

Quae mae-re-bat et do-le - bat,

250

Quae _____ mae - re - - - bat

de - bat, quae _____ mae - re - - - bat

le - - - - bat,

le - - - - bat, quae mae-re-bat et do-le-bat

quae mae-re-bat et do-le-bat

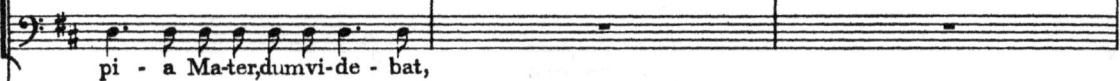

pi - a Ma-ter, dum vi-de-bat,

256
et do - le - - - - bat, pi - - - - - a
et do - le - - - - bat, pi - - - - - a
p
quae mae-re-bat et do-le - bat,
p
quae mae-re-bat et do-le - bat
mf
quae mae-re-bat et do-le - bat,
256

259
pp
Ma - ter, dum vi - de - bat Na - - - -
pp
Ma - ter, dum vi - de - bat Na - - - -
pp
Na - ti poe-nas
pp
Na - ti poe-nas
mf
pi - a Ma - ter, dum vi - de - bat
pp
Na - ti
mf
quae mae-re-bat et do - le - bat,
259
Ob.
p
Cl.

262
ti poe-nas in - cli-ti, Na - ti poe-nas
ti poe-nas in - cli-ti, Na - ti poe-nas
in - cli-ti, Na - ti poe-nas in - cli-ti,
in - cli-ti, Na - ti poe-nas in - cli-ti,
poe - - nas in - - - - - cli - ti,
262

265
in-cli-ti,
in-cli-ti,
[p]
Quae mae-re-bat et do-le-bat, pi - a Ma - ter
f
p
et tre-me-bat, dum vi - de-bat,
p
et tre-me-bat, dum vi - de-bat,
p
et tre-me-bat, dum vi - de-bat,
p
et tre-me-bat, dum vi - de-bat,
265
p
cresc.
f
fp

269
Na - - - - - - ti poe-nas, Na-ti poe-nas, poe-nas in-cli-ti.
Na - ti, Na - ti poe-nas, Na-ti poe-nas, poe-nas in-cli-ti.
dum vi-de-bat, dum vi-de-bat Na-ti poe-nas, Na-ti poe-nas in-cli-ti.
et tre-me-bat, dum vi - de - bat Na - ti poe-nas in-cli-ti.
Na - ti poe - nas in-cli - ti.
Na - ti poe - nas in-cli - ti.
Na - ti poe - nas in - cli - ti.
Na - ti poe - nas in - cli - ti.
269
Fl.Ob.
Ob.
Fag.
Archi
273
cresc.
E
dim.
Ped.

278
Fl.
pp
Ped.
Ped.
286
CORO
Soprani
Alti
p
Sta - bat
Tenori
pp
Sta-bat Ma-ter do-lo - ro - sa jux - ta cru - cem la-cri-mo -
Bassi
pp
Sta-bat Ma-ter do-lo - ro - sa jux - ta
286
Archi
pp
Ped.
292
poco a poco cresc.
p
mf
Sta - bat Ma - ter, sta - bat Ma-ter do-lo - ro - sa,
mf
mf cresc.
Ma - ter do - lo - ro - sa jux - ta cru - cem la-cri-
mf cresc.
sa. Sta - bat Ma - ter do - lo - ro - sa,
cru - cem la - cri - mo - sa.
292
Cor.
p
poco a poco cresc.
mf
cresc.

298
molto cresc.
sta - - - bat Ma - ter do - lo-ro - -
mo - sa, jux - ta cru-cem la-cri-mo - sa, jux - ta
sta - bat Ma - ter do-lo-ro - - sa jux - ta
Sta - bat Ma - ter do - lo-.ro - sa juxta
298
molto cresc.
302
sa jux - ta cru - cem la - - - - - - - - -
cru - cem la - - - - - - - - - - - -
cru - cem la - - - - - - - - - - - -
cru - cem la - - - - - - - - - - - - -
302

306
ff
ffz
p
- - - - - - - - - - - - - - - cri - mo - sa, dum pen-
- - - - - - - - - - - - - - - cri - mo - sa, dum pen-
- - - - - - - - - - - - - - - cri - mo - sa, dum pen-
- - - - - - - - - - - - - - - cri - mo - sa, dum pen-
306
(p)
310
pp
de - bat, dum pen - de - bat Fi - li - us.
de - bat Fi - li - us.
de - bat, dum pen - de - bat Fi - li - us.
de - bat Fi - li - us.
310
fp
dim.
Vla
Ob.
Fl.

314
F
Sta - bat Ma - ter do - lo - ro - - -
Sta - bat
Cl.
Gor.
Ob.
318
sa
jux - ta
Ma - ter do - lo-ro - sa jux - ta cru - cem
Sta - bat Ma - ter do - lo-ro - sa
Sta - bat Ma - ter do - lo -
cresc.
cresc.

322
dim.
p
cru - cem la - - - - - - - - - - - cri - mo - - - - -
la - - - - - - - - - - - - - - cri - mo - - - - -
jux - ta cru - cem la - cri - mo - - - - -
ro - sa jux - ta cru - cem la - cri - mo - - - - -
cresc.
326
f
sa, jux - ta cru-cem la-cri-
sa, jux - ta cru-cem la-cri-
sa. Sta - bat Ma - ter do-lo - ro - sa
sa.
Ped.

331
mo - - - - - - - - - - sa.
mo - - - - - - - - - - sa.
cresc.
jux - - - - ta cru - cem la-cri - mo - sa.
cresc.
jux - - - - ta cru - cem la-cri - mo - - - - - -
331
cresc.
334
Quae mae - re - bat et do - le - bat,
Quae mae - re - bat et do - le - bat,
Quae mae - re - bat et do - le - bat,
sa. Quae mae - - re - bat et do - le - bat,
334

338
TENORE SOLO
Sta - bat
quae mae - re - bat et do - le - bat, pi - a Ma - ter, dum vi - de - bat,
quae mae - re - bat et do - le - bat, pi - a Ma - ter, dum vi - de - bat,
quae mae - re - bat et do - le - bat, pi - a Ma - ter, dum vi - de - bat,
quae mae - re - bat et do - le - bat, pi - a Ma - ter, dum vi - de - bat,
338
Cl.
dim.
pp
dim.
pp
342
Ma - ter do - lo - ro - sa jux - ta cru - cem la - cri - mo - sa, dum pen -
Na - ti poe - nas in - - cli -
Na - ti poe - nas in - - cli -
Na - ti poe - nas in - - cli -
Na - ti poe - nas in - - cli -
342
Cl.
p
pp

346
SOPRANO SOLO
pp
Sta-bat Ma - ter do - lo-ro - sa jux - ta cru-cem la-cri-
ALTO SOLO
pp
Sta-bat Ma - ter do - lo-ro - sa jux - ta cru-cem la-cri-
TENORE SOLO
de - bat Fi-li-us.
BASSO SOLO
pp
Jux - ta cru-cem la-cri-
ti.
ti.
ti.
ti.
346
Cor.
p
Vlc.
pp

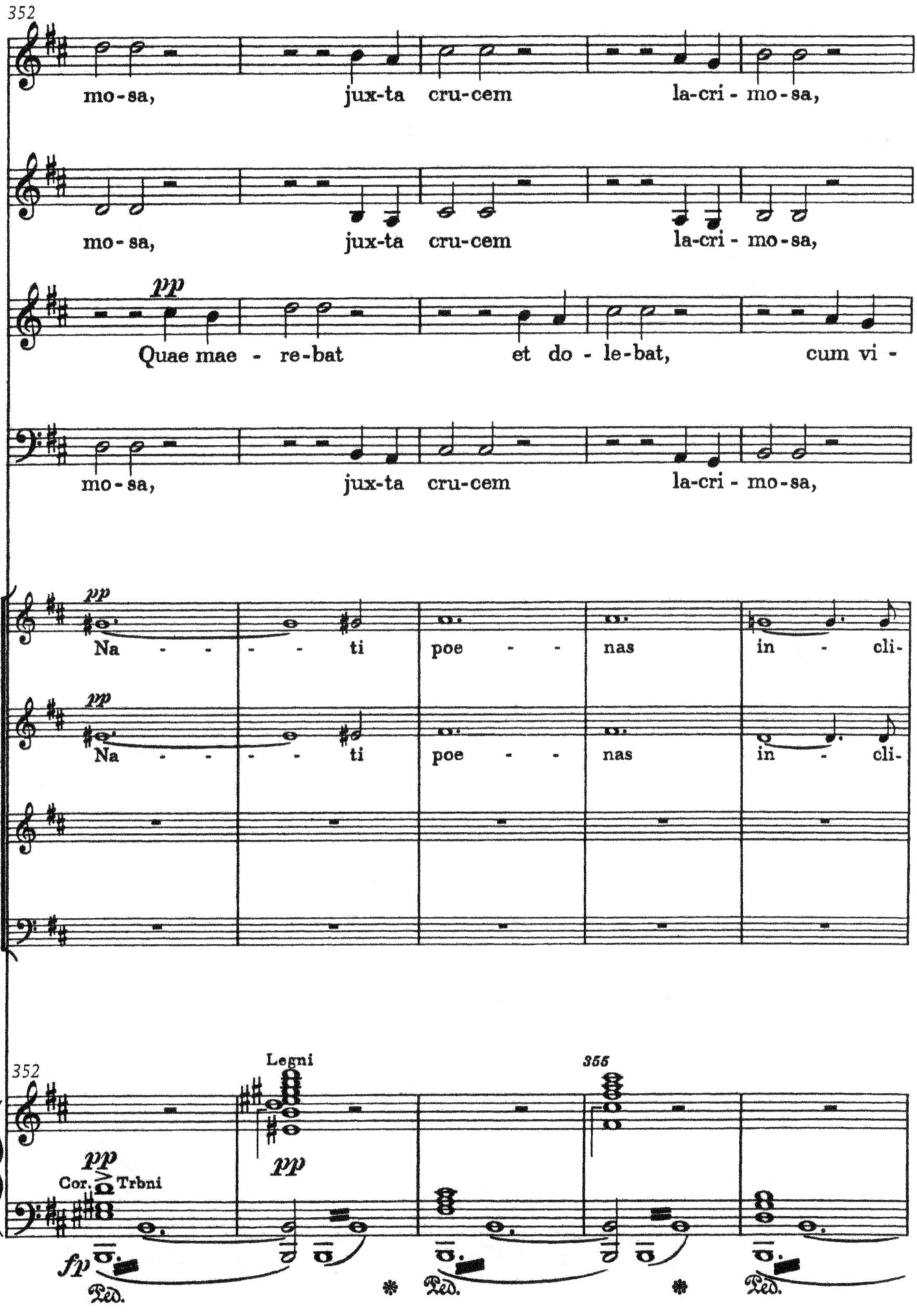
352
mo-sa, jux-ta cru-cem la-cri - mo-sa,
mo-sa, jux-ta cru-cem la-cri - mo-sa,
pp
Quae mae - re-bat et do - le-bat, cum vi -
mo-sa, jux-ta cru-cem la-cri - mo-sa,
pp
Na - - - - ti poe - - nas in - cli-
pp
Na - - - - ti poe - - nas in - cli-
352
Legni
355
pp
Cor. Trbni
pp
fp
Ped.
Ped.
Ped.

357
pp
dum pen - de - - - - - - bat Fi - li - us.
pp
dum pen - de - - - - - - bat Fi - li - us.
pp
de-bat, pi - a Ma-ter, Na-ti poe - nas in - cli - ti.
pp
dum pen - de - - - - - - bat Fi - li - us.
ti.
ti.
357
m.d.
ppp
Ob.
Cor.
pp
363
p
cresc.
Quae mae - re - - - - - - bat
p
cresc.
Quae mae - re - - - - - - bat
363
pp
6
6
6
poco a poco

365
mf
cresc.
et do - le - - - - - bat
365
cresc.
367
ff
p
et tre - me - bat, dum vi - de - bat Na - ti
dim.
370
dimin.
Cor.

372
dim.
pp
poe-nas, poe-nas in - - - - - - - cli - ti.
poe-nas, poe-nas in - - - - - - - cli - ti.
poe-nas, poe-nas in - - - - - - - cli - ti.
poe-nas, poe-nas in - - - - - - - cli - ti.
poe - nas, poe - nas in - - - - - - - cli - ti.
poe - nas, poe - nas in - - - - - - - cli - ti.
poe - nas, poe - nas in - - - - - - - cli - ti.
poe - nas, poe - nas in - - - - - - - cli - ti.
372
dim. sempre
pp
ppp
377
Fl.Ob.

II. Quartetto

Andante sostenuto ♩=63

Cor. ingl. Cl.

Fag.

dim.

ALTO SOLO

Quis est ho-mo, qui non fle-ret, quis est

Vla   Ob.

Cl.

ho-mo, qui non fle-ret, Ma-trem Chri-sti si vi-de-ret in tan-to sup — pli-ci-

Cor.

o?

Legni

Vlc. Cl.

ALTO SOLO
TENORE SOLO
Quis est ho - mo, qui non
Quis non pos - set con - tri - sta - ri,
Viol.
Fl.Ob.
fle - ret, Ma - trem Chri - sti si vi - de - ret, si vi-
quis non pos - set con - tri - sta - ri, Chri - sti Ma - trem con - tem-
Cor.c.Alto
Cl.c.Tenore
A
de - ret in tan - to sup - pli - ci - o?
pla - ri do - len - tem cum Fi - li - o?
Archi

35
p
Quis non pos - set
p
Quis est ho - mo,
BASSO SOLO
[p]
Quis est ho - mo, qui non
35
fz cresc.
dim.
p
Vla.Fag.
39
con - tri - sta - ri, Ma - trem Chri - sti,
dim.
qui non fle - ret, Chri - sti Ma - trem, Chri - sti
dim.
fle - ret, quis est ho - mo, qui non fle - ret, Ma - trem
39
Vlc.col Basso
fz

43
SOPRANO SOLO
Ma - trem Chri-sti si vi - de - ret in tan - to sup -
Ma - trem con - tem - pla - ri do - len - tem cum
Chri - sti si vi - de - ret in tan - to sup - pli - ci-
43
Cl.
Ob.
cresc.
Ped.

46
p
Quis non pos - set con - tri - sta - ri, quis non
pli - ci- o? Quis est ho - mo, qui non fle - ret,
Fi - li- o? Quis non pos - set,
o? Quis est ho - mo,
46
mf
fp
fz

49
cresc.
pos - set con - tri - sta - ri, Chri - sti Ma - trem con - tem-
cresc.
Ma - trem Chri - sti si vi - de - ret,
cresc.
quis non pos - set con - tri - sta - ri,
cresc.
qui non fle - ret, Ma - trem
49
cresc.
fp
cresc.
52
fz
pla - ri, Chri - sti
p
p
Ma-trem Chri - sti,
p
Chri - sti Ma - trem,
fz
dim.
Chri - sti si vi - de - ret.
52
fz
p
mf

55
Ma - trem, Chri - sti Ma - trem,
[p]
Ma - trem
[p]
Chri - sti
p
Ma - trem Chri - sti si vi -
55
Cl.
Fag.
p
Tromb.
58
Chri - sti Ma - trem con - tem-
Chri - sti, Ma - trem Chri - sti si vi-
Ma - trem con - tem - pla - ri do - len - tem cum
de - ret in tan - to sup - pli - ci - o?
58
espr.
60
fz
dim.
fz

61
pp
pla - ri do - len - tem cum Fi - li - o?
pp
de - ret in tan - to sup-pli - ci - o?
Fi - li-o?
61
p
dim.
Viol.
dim.
Ped.
Ped.
64
64
pp
pp
Ped.

D
SOPRANO SOLO
Pro pec-ca-tis su-ae gen-tis vi-dit Je-sum in tor-men-tis et fla-
BASSO SOLO
Pro pec-ca-tis su-ae gen-tis
pp Trbni
fz
gel-lis sub- - - - di-
vi-dit Je-sum in tor-men-tis et fla-gel-lis sub-di-
dim.
Cor.
dimin. sempre
tum. Pro pec-ca-tis su-ae gen-tis
ALTO SOLO
Pro pec-ca-tis su-ae gen-tis vi-dit
tum.
Trbe
pp dolce
Ob.
Trbni

81
SOPRANO SOLO
vi - dit Je - sum in tor-men-tis,
ALTO SOLO
Je - sum in tor - men - tis,
vi - dit Je - sum,
81
p
pp
86
pp
vi - dit Je - sum in tor - men - tis,
vi - dit
pp
vi - dit Je - sum in tor - men - tis,
vi - dit
86
cresc.
91
f
p
Je - sum in tor - men - tis et fla-gel-lis sub - di - tum.
f
p
Je - sum in tor - men - tis et fla-gel-lis sub - di - tum.
91
Fl.
f
p

TENORE SOLO
Vi - dit su - um dul-cem Na - tum mo - ri-
BASSO SOLO
Vi - dit su - um dul-cem Na - tum
Legni
Ob.
en - do de-so - la - tum, dum e - mi - sit spi - ri-
mo - ri - en - do de-so - la-tum,
SOPRANO SOLO
Pro pec - ca - tis
tum.
dum e - mi - sit spi - ri tum.
cresc.
Archi

112
SOPRANO SOLO
su-ae gentis vi-dit Je-sum.
ALTO SOLO
Vi-dit Je-sum in tor-men - tis et fla - gel - lis sub-di-tum.
TENORE SOLO
Vi - dit Je-sum dul-cem
BASSO SOLO
Vi-dit Je-sum dul-cem
112
Vlc.
p
fz
dim.
117
C
[p]
Quis est ho-mo,
pp
Na-tum mo-ri-en - do de-so-la - tum.
pp
Na-tum mo-ri-en - do de-so-la - tum.
117
Cl.
Vla
pp
Fag.
ppp
pp
Ob. col Alto
p
Fag.
Fl.

qui non fle - ret, quis est ho-mo, qui non fle-ret, Matrem
Quis est
Quis est
Cor.
Cl.
Fag.
Quis est ho-mo, qui non fle - ret, Matrem Christi si vi-
Chri - sti si vi-de - ret in tan-to sup - pli-ci-
ho - mo, qui non fle - ret, Matrem Chri - sti si vi-
ho - mo, qui non fle - ret, Matrem Chri - sti si vi-

130
de - ret, quis est ho - mo, qui non fle - ret. Ma - trem
o? Quis est ho - mo, qui non fle - ret,
de - ret, quis est ho - mo,
de - ret, quis est ho - mo,
130
fz
p
dolente
mf
133
cresc.
Chri - sti si vi - de - ret in tan - to sup-
Ma - trem Chri - sti si vi - de - ret,
quis est ho - mo, qui non fle - ret,
qui non fle - ret, Ma - trem
133
cresc.
fz
cresc.

136
pli - ci - o,
Ma - trem
Ma-trem Chri - sti,
Ma-trem Chri - sti,
Chri - sti si vi - de - ret,
Ob.
f
dim.
p
139
Chri - sti,
Matrem Chri-sti si vi-de-ret in
Matrem Chri-sti si vi-de-ret in
Matrem Chri-sti si vi-de-ret in
Ma-trem Chri-sti, Matrem Chri-sti si vi-de-ret in
cresc.
Cl.
Fag.
poco a poco cresc.

143
tan - to sup-pli - ci-o?
tan - to sup-pli - ci-o?
tan - to sup-pli - ci-o?
ff
tan - to sup-pli - ci-o? Pro pec - ca - tis su-ae gentis vi-dit Je-sum
143
cresc.
ff
147
pp
Pro pec-ca - tis su-ae gen - tis
pp
Pro pec-ca - tis su-ae gen - tis
pp
Pro pec-ca - tis su-ae gen - tis
p
in tormentis et fla-gel - lis sub-di-tum.
147
Cor.
Fl.
Ob.
Ob.
Fl.
Cl.
Trbni
fp
pp
pp
p
pp

vi - dit Je - sum in tor - men - tis

vi - dit Je - sum in tor - men - tis

vi - dit Je - sum in tor - men - tis

et fla - gel - lis sub-di-tum.

et fla - gel - lis sub-di-tum.

et fla - gel - lis sub-di-tum.

163
pp sempre
Vi-dit su-um
pp
Vi-dit su-um
pp
Vi-dit su-um
pp
Vi-dit su-um
poco a poco meno mosso
163
dim.
pp
Cl. Fag. Cor.
pp
Timp.
Ped.
169
dulcem Na-tum mo-ri-en-do de-so-la - tum, dum e - mi - sit
dulcem Na-tum mo-ri-en-do de-so-la - tum, dum e - mi - sit
dulcem Na-tum mo-ri-en-do de-so-la - tum, dum e - mi - sit
dulcem Na-tum mo-ri-en-do de-so-la - tum, dum e - mi - sit
169
p
pp
Trbni
fz
Ped.

174
spi - ri - tum.
spi - ri - tum.
spi - ri - tum.
spi - ri - tum.
174
Archi
ppp
p
Vlc.
Cb.
Fag.
Ped.
Ped.
181
cresc.
f
molto dim.
p
p m.d.
186
ritard.
pp morendo
ppp
pp
Cl.
Vlc.
Archi
ppp

III. Coro

Andante con moto ♩ = 69

pp *mf*

CORO

Soprani: *p* E - ja, Ma - ter,

Alti: *p* E - ja, Ma - ter,

Tenori: *p* E - ja, Ma - ter,

Bassi: *p* E - ja, Ma - ter, fons a -

p *pp*

fons a - mo - ris, fons a - mo - ris, *mf* *p* me senti - re

fons a - mo - ris, fons a - mo - ris, *mf* *p* me senti - re

fons a - mo - ris, fons a - mo - ris, *mf* *p* me senti - re

mo - ris, e - ja, Ma - ter, fons a - mo - ris, me sen - ti - re vim do-

mf p *poco a poco*

13
cresc.
vim do-lo-ris
f
fac, ut te-cum
lu - ge - am.
vim do-lo-ris
fac, ut te-cum
dim.
lu - ge-am,
fac, ut te-cum
vim do-lo-ris
fac, ut te-cum
lu - ge - am, lu -
lo - ris
fac, ut
te - cum
lu-ge-am, fac,
ut
te - cum
13
cresc.
f
dim.
17
p
lu - ge - am!
E - ja,
- - ge - am!
lu - ge - am!
17
pp
Vlc. Fag.

21
E - ja,
Ma - ter, fons a - mo - ris,
e - ja,
E - ja, Ma - ter, fons a - mo - ris,
Ob. Cl.
pp
Fag.
25
Ma - ter, fons a - mo - ris,
Ma - ter, fons a - mo - ris,
me sen - ti - re
me sen - ti - re
vim do - lo - ris,
Fl.
Ob.
pp

29
mf
cresc.
fac, fac,
vim dolo - ris fac, fac,
vim do - lo - ris fac, fac,
p
E - ja, Ma-ter, fons a - mo-ris, me sen-
cresc. fz
fz
33
ff
fac, ut te - cum lu - ge - am.
fac, ut te - cum lu - ge - am.
fac, ut te - cum lu - ge - am.
ti - re vim do - lo - ris, ut te - cum lu - ge - am.
Cl.
Ob.
f
dim.
pp

37
A
pp
E - ja, Ma - ter, fons a - mo - ris, me sen-
E - ja, Ma - fer, fons a - mo - ris, me sen-
E - ja, Ma - ter, fons a - mo-ris, fons a - mo - ris,
E - ja, Ma - ter, fons a - mo - ris, me sen -
p
37
dolce
Vlc.
Cor.
42
cresc.
f
dim.
ti - re vim do - lo - ris, vim do - lo-ris fac, ut
ti - re vim do - lo - ris, vim do - lo-ris fac, ut
me sen - ti - re vim do - lo - ris fac, ut
ti - re vim do - lo - ris, vim do - lo - ris fac, ut
42

47
p
dim.
pp
te - cum lu - ge - am, fac, ut te - cum lu - ge-
te - cum lu - ge - am, fac, ut te - cum lu - ge-
te - cum lu - ge - am, fac, ut te - cum lu - ge-
te - cum lu - ge - am, fac, ut te - cum lu - ge - am, lu - ge-
51
rit.
in tempo
am, lu - ge - am,
am, lu - ge - am,
am, lu - ge - am,
am, lu - ge - am,
Fl. Ob. Cl.
poco a poco cresc.
Ped.

56
f
fac, ut te - cum,
mf
fac, ut te - cum lu - ge-am,
mp
fac, ut te - cum lu - ge-am,
p
fac, ut te - cum lu - ge-am,
56
cresc.
Ped. sempre
60
fac, fac, fac, ut te - cum lu - ge-am.
f
[Λ]
dim.
pp
60
p
pp

65
pp
E - ja, Ma-ter, fons a-mo - ris,
pp
E - ja, Ma-ter, fons a-mo - ris,
pp
E - ja, Ma-ter, fons a-mo - ris,
pp
E - ja, Ma - ter, fons a - mo - ris, e - ja,
65
tenuto
pp
69
p
cresc.
fons a-mo - ris, me sen-ti - re vim do-lo - ris
fons a-mo - ris, me sen-ti - re vim do-lo - ris
fons a-mo - ris, me sen-ti - re vim do-lo - ris
Ma-ter, fons a - mo-ris, me sen-ti - re vim do - lo - ris fac, ut
69
poco a poco cresc.

73
fac, ut te - cum lu - ge - am.
fac, ut te - cum lu - ge - am, ut te - cum lu - ge-
fac, ut te - cum lu - ge - am, lu - - ge -
te - cum lu - ge - am, fac, ut te - cum lu - ge -
f dim. p
77
am.
E - ja, Ma - ter, fons a -
am.
am.
pp
Ob.

81
p
E - ja, Ma-ter, fons a-
mo - ris,
p
e - ja, Ma - ter, fons a-
p
E - ja, Ma-ter, fons a - mo - ris,
81
pp
85
B
f
mo-ris,
fac,
f
mo-ris,
fac,
pp
me senti - re vim do-lo - ris
f
fac,
f
fac,
85
Fl. Ob.
dim.
p
f
ff

89
fac, fac, ut te - cum lu - ge - am.
fac, fac, ut te - cum lu - ge - am.
fac, fac, ut te - cum lu - ge - am.
fac, fac, ut te - cum lu - ge - am.
dim.
Timp.
93
E - ja, Ma - ter, fons a - mo - ris,
E - ja, Ma - ter, fons a - mo - ris,
E - ja, Ma - ter, fons a - mo - ris, fons a -
cresc.
E - ja, Ma - ter, fons a - mo - ris,
Cl.
dolce
I. Cor. c. Ten.
c. Ped.

97
p
cresc.
me sen - ti - re vim do -
me sen - ti - re vim do -
mo - ris, me sen - ti - re
me sen - ti - re vim do -
97
p
cresc.
100
f
lo - ris, vim do - lo - ris, fac, ut
lo - ris, vim do - lo - ris, fac, ut
vim do - lo - - - ris, fac ut
lo - ris, vim do - lo - ris, fac, ut
100
f
dim.

103
dim. sempre
p
pp
te - cum lu - ge - am, fac, ut te - cum lu - ge -
te - cum lu - ge - am, fac, ut te - cum lu - ge -
te - cum lu - ge - am, fac, ut te - cum lu - ge -
te - cum lu - ge - am, fac, ut te - cum lu - ge - am lu - ge -
103
Cl. Cor.
Fl. Ob.
dimin.
dim.
107
ritard.
am, lu - ge - am, lu - ge - am.
am, lu - ge - am, lu - ge - am.
am, lu - ge - am, lu - ge - am, lu - ge - am.
am, lu - ge - am, lu - ge - am, lu - ge - am.
107
ritard.
ppp

IV. Basso solo e Coro

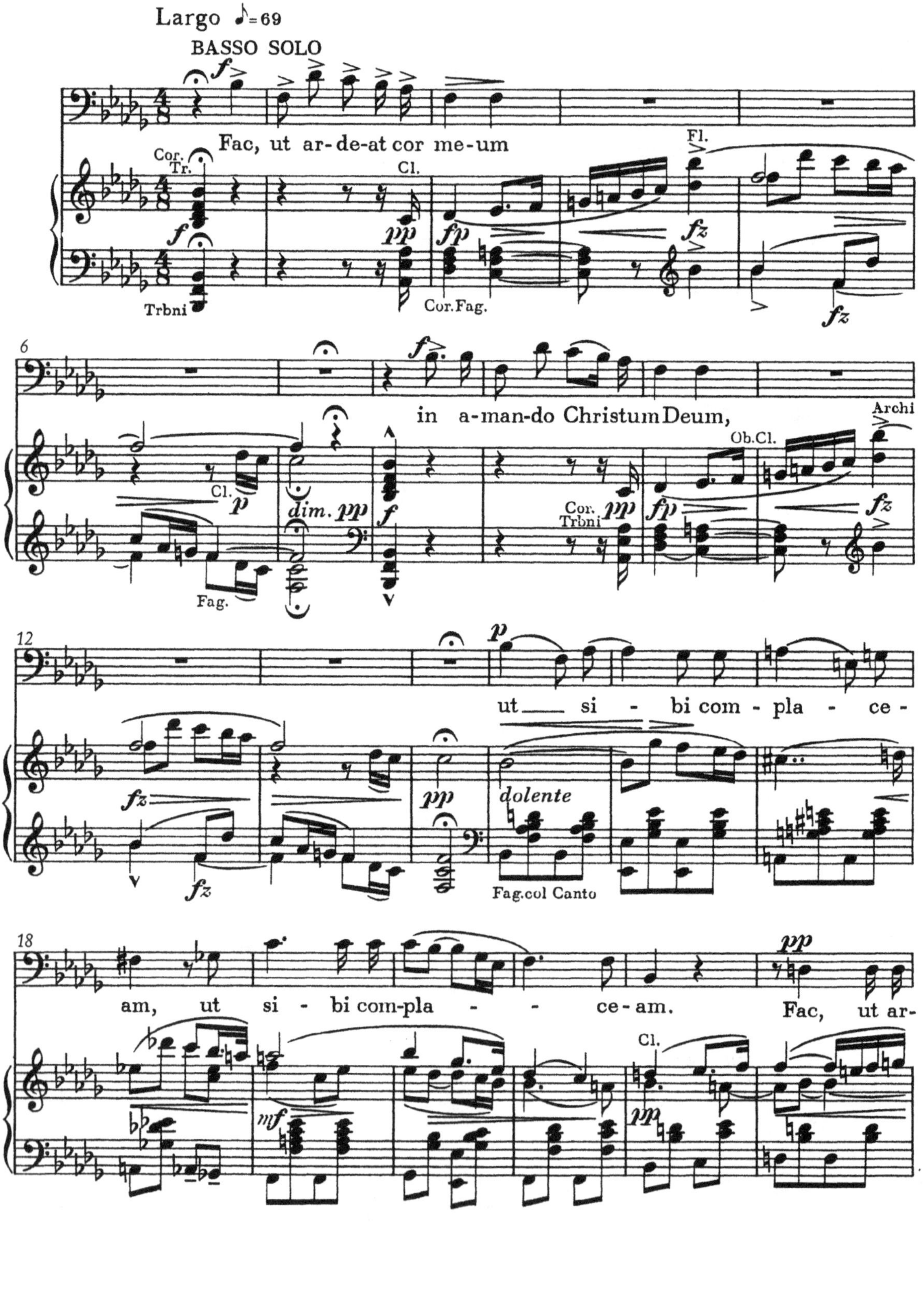

de - at cor me - um, in a-man - do
Fl.
Ob.
pp
Christum De - um, ut si - bi com - pla - ce-
Cl.
pp
am.
CORO
Soprani
pp
Sancta Mater, is-tud a-gas, Cru-ci-fi-xi fi - ge pla - gas,
pp Alti
fi - ge pla - gas,
legatissimo
pp Org.
Fl.Cl.

cor - di me-o, cor - di me-o va - li -
va - li -
BASSO SOLO ritard.
a tempo
Fac, ut ar-de-at cor me-um
de, cordi me-o va - li - de.
de, cor - di
ritard.
a tempo
Fl.
Cl.
in a-mando Christum Deum,
dim.
Cor.
Trbni

58
Archi
dim.
ut si - bi com-pla - ce-
Viol.
dolce
Fag.col
Canto
64
am, in a-man - do Christum De - um, ut
Ob.
Fl.
Fag.
dim.
Cl.
70
si - bi com-pla - ce-am, com -
Fl.
75
pla - - - - - - - - - - - ce -
dim.

80
am.
CORO
Soprani
pp
Sancta Mater, is-tud a-gas, Cru-ci-fi-xi fi - ge pla - gas,
Alti
pp
Sancta Mater, is-tud a-gas, Cru-ci-fi-xi fi - ge pla - gas,
Tenori
Bassi
80
legatissimo
pp Org.
86
mf
cor - di me-o, cor - di me-o va-
mf
cor - di me-o, cor - di me-o va-
Legni
86
pp Archi
mf
Ped.
Ped.
Ped.

90
li-de.
li-de.
mf
San-cta Mater, is-tud a-gas,
mf cresc.
is-tud a - - gas,
mf
San - cta Mater, is - tud a - gas,
San - cta Mater, is - tud a - gas,
90
Cor.
f
Cor.
94
f
dim.
San - cta Ma - ter, is - tud a - gas, Cru - ci - fi - xi
san - cta Mater, is - tud a-gas, is - tud a - gas,
Cru - ci - fi - xi fi - ge plagas, cor - di me-o va - li-de,
Cru - ci - fi - xi fi - ge pla - gas,
p
94
Viol.II.
ff
dim.
fp
Cl.
p
dim.
Ped.
Ped.

99
dim.
fi - ge pla - gas, cor - di me-o va - li - de!
p
dim.
pp
Cru - ci - fi - xi pla - gas, cor - di me-o va - li - de!
cor - di me-o, cor - di me-o va - li - de!
dim.
cor - di me-o va - li - de!
Org.
Ob.
Ped.
105
fz
Fl.
Ob.
Cl.
fp
Poco più mosso
BASSO SOLO
110
Fac, ut ar - de - at cor me-um, in a-
molto espress.

man - do   Chri - stum De-um,   ut

si - bi com - pla - - - - - ce -

am,   ut

si - bi com - pla - ce - am, com - pla - ce -

poco ritard.

Tempo I.
128
am. Fac, ut ar-
Viol.
dolce
pp
Cl.
Ob.
p
Viol.
132
de - at cor me - um in a - man - do Chri - stum
Ob.
Fl.
p
pp
dim. sempre
136
De - um, ut si - bi com-pla - ce-
Cl.
perdendosi
pp
Fag.
Vla
141
rit.
am, ut si - bi com - pla - ceam.
Ob.Cl.
pp
dim.
Fl.
Ob.
fz
pp
Cor.
Cor.
Vlc.
Cb.
pp

V. Coro

Andante con moto, quasi allegretto ♩. = 42
legato sempre
pp
fz
pp
f sempre legato
p
Ped.
CORO
Soprani
Alti
Tenori
Bassi
pp
mf
Tu - i Na - ti vul - ne - ra - ti, tam dig -
Tu - i Na - ti vul - ne - ra - ti,
Tu - i Na - ti vul - ne-ra - ti, tu - i Na - ti
Tu - i Na - ti vul - ne-ra - - - ti, tu - i Na - ti
Cor.
fz
dim.

13
pp
na - ti, tam dig - na - ti, tam dig - na - ti, pro me pa - ti,
pp
tam dig - na - ti, tam dig-na - ti, pro me pa - ti,
pp
vul - ne-ra - ti, tam dig - na - ti, tam dig - na - ti, pro me pa - ti,
pp
vul-ne - ra - ti, tam dig - na - ti, pro me pa - ti,
13
pp
fz legato
dim.
p
pp
18
p
tu - i Na - ti vul - ne-ra - ti, tam dig-na - ti, tam dig-na - ti,
p
tu - i Na - ti vul - ne-ra - ti, tam dig-na - ti, tam dig-na - ti,
p
tu - i Na - ti vul - ne-ra - ti, tam dig-na - ti, tam dig-na - ti,
p
tu - i Na - ti, tam dig - na - ti,
f
18
cresc.
f

pro me pa - ti, poe - nas me - cum di - vi - de.

pro me pa - ti, poe - nas, poe-nas me-cum di - vi - de.

pro me pa - ti, poe - nas me - cum, poe-nas me-cum di-vi-de.

pro me pa - ti, poe - nas me - cum di - vi - de.

Tu - i Na - ti vul-ne-ra - ti, tam dig-na - ti, tam _____ dig-

Tu - i Na - ti vul-ne-ra - ti, tam dig-na - ti, tam dig-na - ti,

Tu - i Na - ti vul-ne-ra - ti, tam dig-na - ti, tam _____ dig-

Tu - i Na - ti vul - ne-ra - ti, tam dig-na - ti, pro me

Trbni

A

na - ti, pro me pa - ti, poenas me-cum di - vi - de.

pro me pa - ti, poe - nas me-cum di - vi - de.

na - ti, pro me pa - ti, poe - nas, poenas me-cum di-vi-de.

pa - ti, poe - nas me - cum di - vi - de.

Cl.

Fag.

Poe - nas, poe - nas, poe - nas me-cum di-vi - de, poe-nas

Poe - nas, poe - nas, poe - nas me-cum di - vi - de,

Poe - nas, poe - nas, poe-nas me-cum di - vi - de, poe-nas, poenas

Poe - nas, poe - nas, poe - nas me - cum di -

Cl.

Fag.

48
pp
me-cum di - vi - de,
p
poe-nas me-cum, poe-nas me-cum
pp
poenas me-cum di - vi - de,
p
me-cum di - vi - de,
pp
- vi - de,
Cl.
p pp
Cor.
p
Ped. * Ped. *
53
di - vi - de.
dim.
poe-nas me - cum di - - vi - de.
pp
p cresc.
poenas me-cum, poe-nas me - cum di - - vi - de.
dim.
p cresc.
poenas me-cum, poe-nas me - cum di - - vi - de.
p
pp
58
B

Un poco più mosso ♩.= 56
Tu-i Na - ti vul - ne - ra - ti,
Tu - i Na - ti vul - ne -
Tu - i
Un poco più mosso ♩.= 56
Trbni
poe -
Tu - i Na - ti vul-ne-ra - ti, tam dig - na - ti, pro me pa - ti
ra - ti, tam dig-na - ti, pro me pa - ti, poe - nas
Na - ti vul - ne - ra - ti, tam dig - na - ti,
pesante

73
nas, poe - nas me - cum
poe-nas me-cum di - vi-de, poe - nas me - cum
poe - - - - - - - - - - - - - -
poe-nas me-cum, poe-nas me-cum di - - - - - -
73
fz fz fz fz fz fz fz fz fz fz
78
di - - - vi - de, poe-nas me-cum di - vi - de, poe-nas
di - vi-de, poe-nas, poe - nas me-cum di - vi - de, poe-nas
- - nas me-cum di - vi - de, poe-nas me-cum di - vi - de, poe-nas
- - - - - - vi - de, poe - nas me - cum di - vi - de, poe-nas
78
fz fz fz fz
ff marcato

83
dim. p
poe - nas me - - - - - - - - - - - cum
dim. p
poe - nas me - - - - - - - - - - - cum
dim. p
me - cum di - - - - - - - - - - - vi-
dim. p
me - cum di - - - - - - - - - - - vi-
83
sempre marcato dim. p dim.
88
f dim.
di - - - - vi - de, poe - -
f dim.
di - - - - vi - de, poe - -
f
de, poe - - - - - - nas,
f
de, poe - - - - - - - nas,
88
f dim. fz fz p dim.

93
poco a poco ritard.
Tempo I. ♩. = 42
nas.
nas.
poe - nas me - cum di - vi - de.
poe - nas me - cum di - vi - de.
93
poco a poco ritard.
Tempo I. ♩. = 42
molto tranquillo
dim.
98
103
Tu - i Na - ti vul - ne - ra - ti, tam dig-
Tu - i Na - ti vul - ne - ra - ti,
Tu - i Na - ti vul - ne - ra - ti, tam dig - na - ti
Tu - i Na - ti vul - ne - ra - ti, tam dig - na -
103

108
na - ti, pro me pa - ti,
pro me pa - ti,
- ti, pro me pa - ti,
p dim.
pp
fz
112
poe - nas,
poe - nas,
poe - nas,
poe - nas,
Cl.
Fag.
115

116
poe - nas, poe - nas me - cum di - vi - de, poe - nas
poe - nas, poe - nas me - cum di - vi - de,
poe - nas, poe - nas me - cum di - vi-de, poe - nas, poe-nas
poe - nas, poe - nas me - cum di - -
116
Cl. Ob.
fz p
pp
f
120
me - cum di - vi - de, poe-nas me - cum,
poe-nas me - cum di - vi - de,
me - cum di - vi - de,
- - vi - de,
120
Cl.
Cor.
p
pp
p

124
poenas me-cum di - vi-de.
pp
poe - nas me - cum di - - - vi-
pp
dim.
poenas me-cum, poe-nas me - cum di - - - vi-
pp
poenas me-cum, poe-nas me - cum di - - - vi -
124
129
pp
de.
pp
de.
pp
de.
129
pp
dim.
ppp

VI. Tenore solo e Coro

Andante con moto ♩ = 56

TENORE SOLO

Fac me ve-re tecum fle-re,

tecum fle - re. Cru-ci-fi-xo condolere, donec e - go vi - xero.

* Simrock Part.:

CORO
Tenori

Fac me ve - re te - cum fle - re, te - cum fle - re.

Bassi

Cor.

Cru - ci - fi - xo con - do - le - re, do - nec e - go vi - xe - ro.

Fl. Ob.

Cl.
Fag.

Timp.

TENORE SOLO

Fac me ve - re te - cum fle - re, te - cum fle - re,

Cl. Fag.

Fl.

Cl.

37
Cru - ci - fi - xo con-do-le - re, do-nec e - go vi - xe-ro.
Fl.
Ob.
dim.
41
Fac me ve - re te - cum fle - re, te - cum fle - re,
Archi
cresc.
Cl.Cor.c.Coro
45
Cru - ci - fi - xo con - do - le - re, do - nec e - go vi - xe-ro.
Trbe
Trbni
pp leggiero cresc.
dim.
c Ped.

49
A
TENORE SOLO.
Fac me ve-re te-cum fle-re, te-cum fle - re, Cru-ci-fi-xo
Viol.
(pizz.)
Ob.
Cl.
54
con-do-le-re, do-nec e-go vi - xe-ro.
Fac me ve-re te-cum fle-re,
Fac me ve - re
54
Archi
Tromb.Timp.
59
te-cum fle - re, Cru-ci-fi-xo con-do-le-re, do-nec e - go
dim.
te-cum fle - re, fac me ve - re te - cum
59

64
TENORE SOLO
Poco più mosso
Jux - ta cru - cem te-cum sta - re,
vi - xe - ro.
te li - -
fle - re.
64
Poco più mosso
68
poco a poco accelerando
in plan-ctu de-si-de-ro, in
- ben-ter so-ci - a - re
in plan - ctu de-si - de-ro,
in
68
poco a poco accelerando
Cor.
Ped.

72
p
plan - ctu de si - de-ro, in plan - ctu de -
dim.
in plan - ctu de - si - de-ro, in plan - ctu de - si - de-ro, in plan - ctu, in
dim.
plan - ctu de-si - de-ro, in plan - ctu de-si - de-ro, in plan - ctu de-si - de-ro, in
72
Tr.c.Sopr.
fz
75
p a tempo
B
si - de - ro.
p
plan - ctu de - si - de-ro.
p
75
Ob.
Fag.
p a tempo
legato
pp
80
p
Fac me ve-re te-cum fle-re, te-cum fle - re,
Fl.Cl.
Viol.
pp
Fag.

Cru - ci - fi - xo con - do - le - re, do - nec e - go vi - xe - ro.

Fac me ve - re te - cum fle - re, te - cum fle - re,

Cru - ci - fi - xo con - do - le - re, do - nec e - go vi - xe - ro

Cru - ci - fi - xo con - do - le - re, do - nec e - go vi - xe - ro.

Fac me ve - re te - cum fle - re, te - cum fle - re,

Fac me ve - re te - cum fle - re, te - cum fle - re,

Fac me ve - re te - cum fle - re,

105
pp
Cru - ci - fi - xo con - do - le - re, do - nec e - go vi - xe - ro
pp
Cru - ci - fi - xo con - do - le - re, do - nec e - go
pp
105
Cl.
pp
Cor.
Poco più mosso
109
f
Jux - ta cru - cem tecum sta - re, in
vi - xe - ro. Te li - ben - ter so - ci
f
Poco più moso
109
mf
f
f
fz
ff

113
plan-ctu de-si-de-ro, inplan-ctu de-si-de-ro,
[mf] pp
a-re, inplanctu de-si-de-ro, in planctu de-si-de-ro, in
[mf] pp
113
marcato
p
Cor.
pp Cl.
Fag.
117
p
f
in plan - ctu de-si - de-ro
f
plan-ctu, inplanctu,in plan - ctu de - si - de - ro.
f
117
Cor.
f
ff
f
Trbni
122
Cor.
Cl.
p dim.
Fag.
pp
pp
Fl.
Cl.
pp
Timp.

VII. Coro

Largo ♩ = 52
Legni
Archi
p
cresc.
fz
CORO
Soprani
Alti
Tenori
Bassi
pp
Vir - go vir - gi - num prae - cla - ra,
Ob.Fag.
Cor.
fp
vir - go vir - gi - num prae - cla - ra, mi - hi jam non sis a -
vir - go vir - gi - num prae - cla - ra, mi - hi
Ob.

24
ma - ra, mi-hi jam non sis a-ma-ra, fac me te - cum plan - ge - re.
jam non sis a - ma - ra, fac me te - cum plan-ge - re.
jam non sis a - ma - ra, fac me te - cum plan-ge - re.
mi - hi jam non sis a - ma - ra.
Archi
31
molto espressivo
39
A
Vir - go vir-gi - num prae - cla - ra, vir - go vir-gi - num
Vir - go vir-gi - num prae - cla - ra, vir - go
Vir - go vir-gi - num prae - cla - ra, vir - go
Vir - go vir-gi - num prae - cla - ra, vir - go

45
prae - cla - ra, mi - hi jam non sis a - ma - ra, mi - hi jam
vir-gi-num prae - cla - ra, mi - hi jam non sis a - ma - ra,
vir-gi-num prae - cla - ra, mi - hi jam non sis a - ma - ra,
vir-gi-num prae - cla - ra, mi - hi jam non sis a - ma - ra,
45
Cl.
Cl.
Fag.Cor.
52
non sis a - ma - ra, fac me te - cum plan - ge - re,
mi - hi jam non sis a - ma - ra, fac me te - cum plan - ge - re,
mi - hi jam non sis a - ma - ra, fac me te - cum plan - ge - re,
mi - hi jam non sis a - ma - ra, fac me te - cum plan - ge - re,
52

fac me te-cum plan - ge-re, fac me te - cum, fac me
fac me te-cum plan - ge - re, fac me te - cum, fac me
fac me te-cum plan - ge - re, fac me te - cum, fac me
fac me te-cum plan - ge - re, fac me te - cum, fac me
Archi
te - cum, fac me te - cum plan - ge - re.
te - cum, fac me te - cum plan - ge - re.
te - cum, fac me te - cum plan - ge - re.
te - cum, fac me te - cum plan - ge - re.
Legni
Archi
marcato
dim.

83
B
pp
Vir - go vir - gi - num prae - cla - ra, vir - go vir - gi - num,
Vir - go vir - gi - num prae - cla - ra, vir - go
Vir - go vir - gi - num prae - cla - ra, vir - go
Vir - go vir - gi - num prae - cla - ra, vir - go
mf
Ob.
Cl.
mfp
Vle
Fag.
Cor.
Cb.
fz
89
vir - go vir - gi - num prae - cla - ra,
vir - gi - num prae - cla - ra,
vir - gi - num prae - cla - ra,
vir - gi - num prae - cla - ra,
p
cresc.
f
fp
Ob.

95
mi-hi jam non sis a-ma-ra, vir-go
mi-hi jam non sis a-ma-ra, vir-go
mi-hi jam non sis a-ma-ra, vir-go vir-gi-num,
mi-hi jam non sis a-ma-ra, vir-go
95
Cl.
Ob.
Vlc.Fag.
Fag.
101
vir-gi num prae-cla-ra,
vir-gi-num prae-cla-ra,
vir-go vir-gi-num prae-cla-ra,
vir-gi-num prae-cla-ra,
cresc.
101
cresc.

107
mi - hi jam non sis a - ma - ra, fac me te - cum, fac
mi - hi jam non sis a - ma - ra, fac
mi - hi jam non sis a - ma - ra, fac me
mi - hi jam non sis a - ma - ra, fac me
107
Cl.
Fag.
f espress.
Ped.
114
C
me te - cum plan - ge - re,
me te - cum plan - ge - re,
te - cum plan - ge - re, fac me te - cum
te - cum plan - ge - re,
114
Vla

121
fac me te - cum, fac me te - cum plan - ge - re, mi -
fac, fac me te - cum plan - ge - re,
plan - - - - ge - re, fac me te - cum plan - ge - re,
fac me te - cum, te - cum plan - ge - re,
Ob.
Cl.
Fl.
Cl.
127
- hi jam non sis a - ma - ra, fac me te - cum, fac
fac
mi - hi jam non sis a - ma - ra,
mi - hi jam non sis a - ma - ra,
dim.
Archi

ritard.
a tempo
me te - cum plan - - ge - re.
fac me te - cum plan - - ge - re.
fac me te - cum plan - - ge - re.
fac me te - cum plan - - ge - re.
Cl.
Archi
Vle
dim.
molto tranquillo
senza corona
Fac me te - cum plan - ge - re.
Fac me te - cum plan - ge - re.
Fac me te - cum plan - ge - re.
Fac me te - cum plan - ge - re.
Cl.
dim.

VIII. Duo

mor-tem, passi - o - nis fac consor -tem, pla - - - - - - - - - - gas re - co - le - re.

TENORE SOLO

Fac,___ ut

Fac,___ ut por - tem Christi

por - tem Chri - sti mor-tem,

47
mor - tem, fac, ut
fac, ut por - tem Chri - sti mor-tem,
47
Ob.Cl.
Viol.
pp
Vle, Fag.
51
por-tem Chri-sti mor - tem, Chri - sti mor - tem,
Chri - sti mor - tem,pas-si - o - nis con -
51
pp
55
pp
pas - si - o - nis fac con - sor - tem,
sor - tem pla - - - - - - - - - -
55
pp

59
pla - gas re - co - le - re.
- - gas re - co - le - re.
59
Archi
p Cor. dolente
Trbni
Ped.
63
[p cresc.]
Fac, ut por - tem Chri - sti
[mf]
Fac, ut
63
Fl. Ob.
Viol.
cresc.
fz
Ped.
Ped.
67
f
fp
mor - tem, fac, ut por - tem Chri - sti
f
fp
por - tem Chri - sti mor-tem, fac, ut
67
8
Fl.Ob.
f
fp dim.
Ped.
Ped. sempre

71
dim.
mor - - tem, passi - o - - - - - nis
dim.
por - tem Chri - sti mor - tem,
71
8
Fl.
Ob.
dim.
pp
75
fac con - sor - tem,
[p]
passi - o - - - - - nis fac
75
75
cresc.
fp
79
[pp]
et pla - - - - - - -
[pp]
con - sor - tem, et
79
Fl.
pp
pp
p Cor.
cresc.

83
p
gas
cresc.
p
pla
gas
83
p
fz
Ped.
88
re
co-le
re.
re
co-le
re.
88
dim.
pp
Ped.
93
B
p
Fac me pla-gis
93
Cl.
Fl. Ob.
pp

99
vul - ne - ra - ri, vul - ne - ra - ri, Cru - ce hac in - e - bri -
p
Fac me pla - gis vul - ne - ra - ri, vul - ne -
fp
Fag.
Ped.
104
a - ri, in - e - bri - a - ri, ob a - mo -
ra - ri, Cru - ce hac in - e - bri - a - - -
dim.
109
- - - - - - - rem Fi - - - - - li-
- - ri, ob a - morem, ob a - morem Fi - - - - - li-
Fag.
Viol.
pp
Timp.

114
p
i.
Fac, _ ut por - tem Chri-sti mor -
i.
Fl.
Legni
pp Timp.Cor.
120
tem, pas - si - o - nis fac con - sor - tem, et pla - gas re - co -
[p]
Pas - si o - nis fac con - sor - tem, et
p Vlc. Fag.
8
Ped.
126
le - - - - re.
pla - gas re - co - le - - - - re.
Fag.
fz dim.
pp

IX. Alto solo

cen - sus, per te, Vir-go, sim de-fen-sus, in di - - e ju -

di - - - - ci - i.

In - flam-ma - tus et ac - cen - sus, per te, Vir - go, sim de - fen - sus, in

di - e ju-di-ci-i. In - flam-ma-tus et ac-cen-sus,
Archi
Cor.
Fag.
per te, Vir - go, sim de - fen - sus, in di - e ju -
Legni
di - ci - i. Fac me cru - ce
dim.
Ob.
Trbni
Viol.
cu - sto-di - ri, mor - te Chri - sti prae - mu-ni - ri, con - fo-ve - ri
Legni
dim.

43
ritard.
a tempo
gra - - - - ti - a, con - fo - ve - ri,
ritard.
Cl.
a tempo
Cl.Cor.
pp
ppp
pp
Ped.
Ped.
Trbni
47
pp
B
con - fo - ve - ri gra - - ti - a.
Viol. Ob.
pp
f
Archi
Fag.
51
p
Fac me cru - ce cu - sto - di - ri, mor - te Chri - sti prae - mu - ni - ri,
Fl. Cl.
p
p
f
55
f
con - fo - ve - ri, con - fo - ve - ri, con - fo - ve - ri gra -
Cl.
p

58
ti-a.
Fl.
Ob.
61
Fac me cru-ce cu - sto-di - ri, mor-te Chri-sti prae -
Cl.
Fag.
64
dim.
mu-ni-ri, con - fo-ve - ri, con-fo-ve-ri
Viol.
Ob.
Ped.
67
gra-ti-a, con-fo-ve-ri gra-ti-a,
cresc.
dim.
Timp. trem. D

con - fo - ve - ri gra - - ti - a.
Vla, Cor.
dim.
Vlc. Fag.
Cb.
Fac me cru-ce cu-sto-di-ri, mor-te Chri-sti prae-mu-ni-ri, con - fo - ve - ri,
Archi
Cor., Trbni
con - fo - ve - ri, con - fo-ve-ri gra - - - - - ti-
rit.
dimin.
a tempo
a
a tempo
Fl.

X. Quartetto e Coro

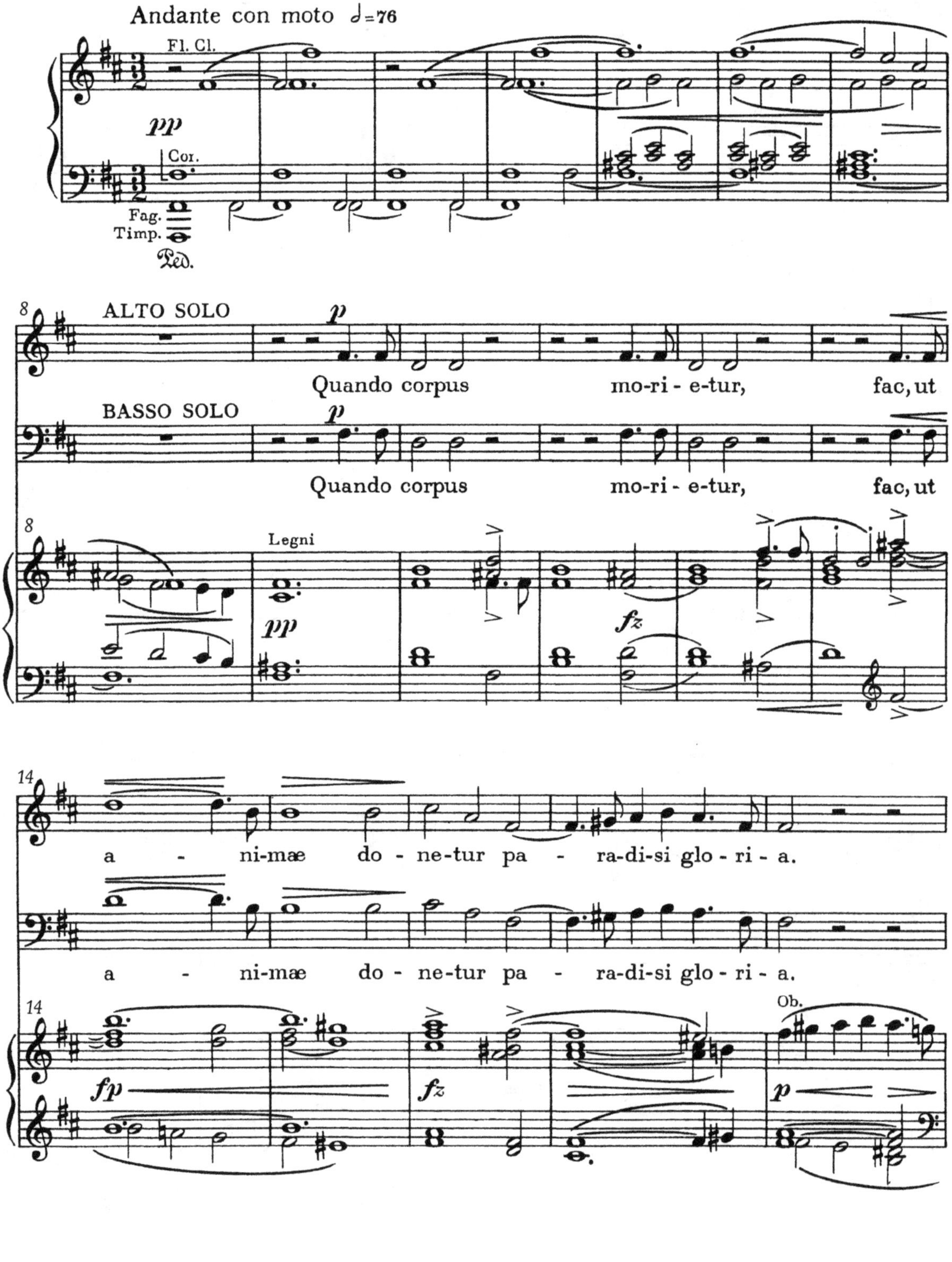

SOPRANO SOLO
Quan-do cor - pus mo-ri - e - tur,
ALTO SOLO
Quan-do corpus mo-ri - e - tur,
TENORE SOLO
Quan-do cor - pus mo-ri - e - tur,
BASSO SOLO
Quan-do corpus mo-ri - e - tur,
Ob.
Vlc.Fag.
Cl.
fac, ut a - ni-mæ do - ne - tur pa -
fac,ut a-ni-mæ do-ne - tur pa-ra-di-si
dim.
fac, ut a - ni-mæ do - ne - tur pa -
fac,ut a-ni-mæ do-ne - tur pa - ra -
Fl.
dim.

27
- ra-di-si glo-ri - a.
glo - ri - a.
- ra-di-si glo-ri - a.
di - si glo-ri - a.
CORO
Soprani
mf
Quan-do corpus mo-ri e - tur, fac, ut a-ni-mæ do-
Alti
mf
Quan-do cor - pus mo-ri-
Tenori
mf
Quan-do corpus mo - ri e - tur,
Bassi
mf
Quan-do cor - pus mo-ri-
27
dim.
mf
Cl.

31
mf
ne - tur, quan - do cor - pus mo - ri-
mf
e - tur, quando corpus mo - ri-
fac, ut a-ni-mæ do - ne - tur, quan - do cor - pus mo - ri-
f
e - tur, quando corpus mo - ri - e - tur,
31
Cl.
mf
f
35
poco a poco cresc.
e - tur, quan - do cor - pus mo - ri-
e - tur, fac, ut a - ni - mæ do - ne - tur, quan - do
e - tur, quan - do cor - pus mo - ri-
fac, ut a - ni - mæ do - ne - tur, quan - do cor - pus mo - ri-
poco a poco cresc.
35
Viol.II.
Cor.
Trbni
Ped. Ped. Ped. Ped. Ped. Ped.

38
e - tur, fac, ut a - ni - mæ do - ne - tur,
cor - pus mo - ri - e - tur, fac, ut a - ni - mæ do-
e - tur, fac, ut a - ni-mæ do - ne - tur, fac, ut
e - tur, fac, ut a - ni-mæ do - ne - tur, fac, ut
38
Ob.
Cl.
Ped.
41
molto cresc.
pa-ra-di-si glo - ri - a, pa-ra-di-si glo - ri - a,
ne - tur, pa-ra-di-si glo - ri - a, pa-ra-di-si glo - ri-
a - ni - mæ do - ne - tur, pa - ra -
a - - - - - - - - - ni-mæ do - ne - tur pa-ra -
molto cresc.
41
fz

45
ff
pa-ra-di-si glo-ri - a, pa-ra - di-si glo - - - - - ri-
a, pa - ra-di - si glo - - - - - ri-
di - - - - - - - - - si glo - - - ri-
di - si glo-ri - a, pa - ra-di-si glo-ri -
fz
ff
49
ffz
ritard.
a tempo
a, pa - ra - di - si glo - ri - a.
50
con Ped.

SOPRANO SOLO
Quan - do cor - pus mo - ri - e - -

ALTO SOLO
Quan - do

TENORE SOLO

BASSO SOLO
Quan - - - - do cor - - -

p dolente

tur,
cor - pus mo - ri - e - tur,
Quan - do cor - pus mo - ri -
pus mo - - - - - ri -

60
f
mf
dim.
fac, ut a - - ni-mæ do - -
fac, ut a - - - - - - nimæ do-
e - tur, fac, ut a - ni - mæ do -
e - - tur, fac, ut a - nimæ do -
fz
p
63
ne - tur pa - ra - di - si glo - ri - a, pa - ra -
ne - tur pa - - ra - -
ne - tur pa - ra - di - si glo - ri - a, pa - ra -
ne - tur pa - - ra - -
cresc.
Ped.
Ped.

66
f
di - si glo - ri - a, pa - ra - di - si glo - ri -
cresc.
di - - si glo - - ri -
di - si glo - ri - a, pa - ra - di - si glo - ri -
cresc.
di - - si glo - - ri -
CORO
Soprani
p
Pa - - ra - - di - si glo - ri -
Alti
Pa - - ra - - di - si glo - ri -
Tenori
Pa - - ra - - di - si glo - ri -
Bassi
Pa - - ra - - di - si glo - ri -
66
Ped.
Ped.
Ped. *

70
Allegro molto 𝅗𝅥 = 132
mf
a.
A - - - - - -
a.
a.
a.
66
a.
mf
a.
A - - - - - - - - - -
a.
mf
A - - - - - - - - - - - - - - - -
a.
mf
A - - - - - - - -
men,
a.
Allegro molto 𝅗𝅥 = 132
70
Ob.Viol.II.
Fl.Viol.I.
Cl.
f
Vla, Fag.
fz
Timp.

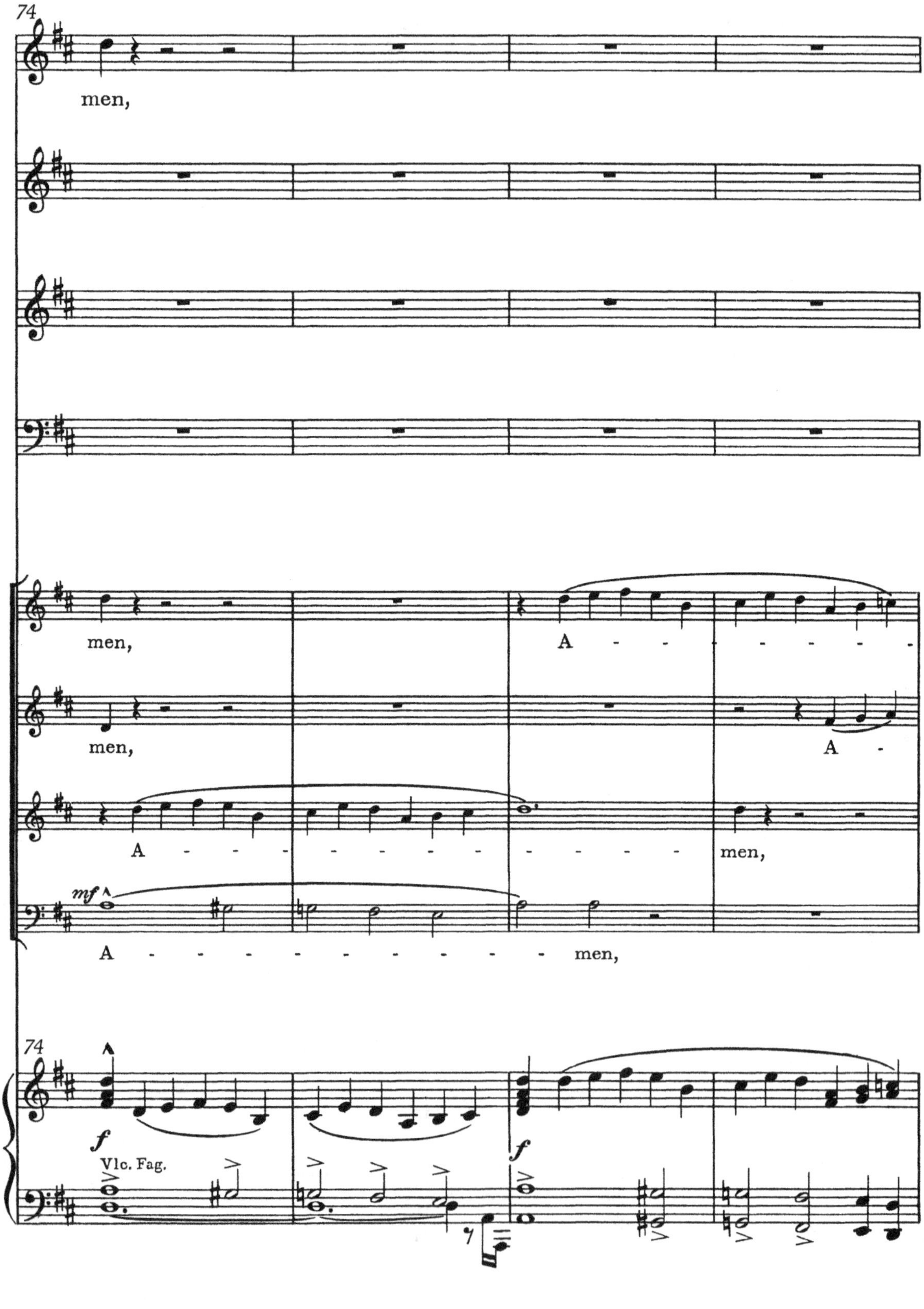

74
men,
men,
A - - - - - - -
men,
A -
A - - - - - - - - - - - - - - - men,
mf
A - - - - - - - - - - - - - - - - men,
74
f
Vlc. Fag.
f

78
f
A - - men, A - - men,
A - men, A - men,
A - - men, A - - men,
A - - men, A - - men,
men, A - men, A - men,
men, A - - men, A - -
A - - men, A - -
A - - men, A - -
78
fz
Trbe
fz

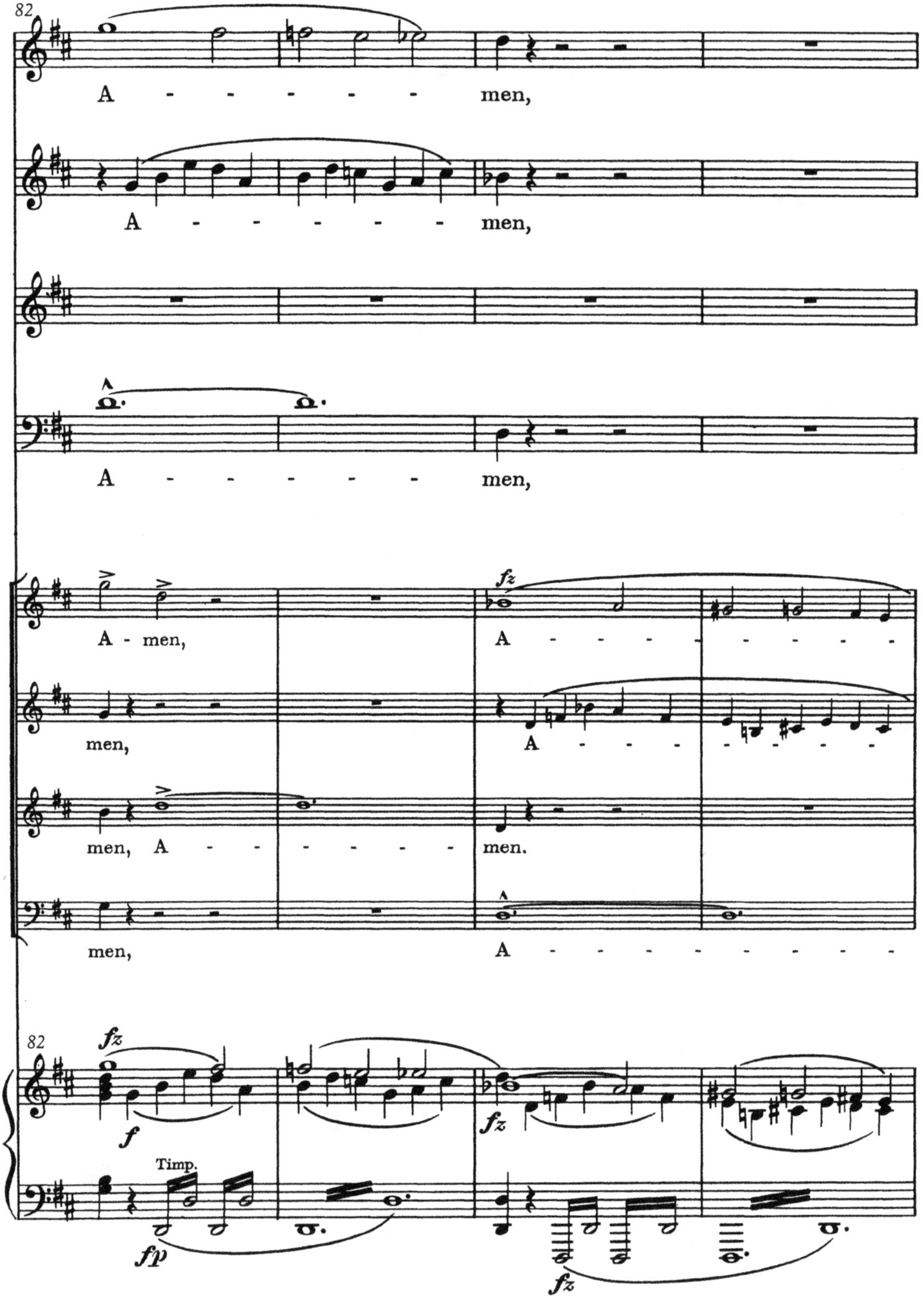
82
A - - - - - - men,
A - - - - - - men,
A - - - - - - men,
A - men,
A - - - - - - - - - - -
men,
A - - - - - - - - - - -
men, A - - - - - - - men.
men,
A - - - - - - - - - - -
82
fz
f
fz
Timp.
fp
fz

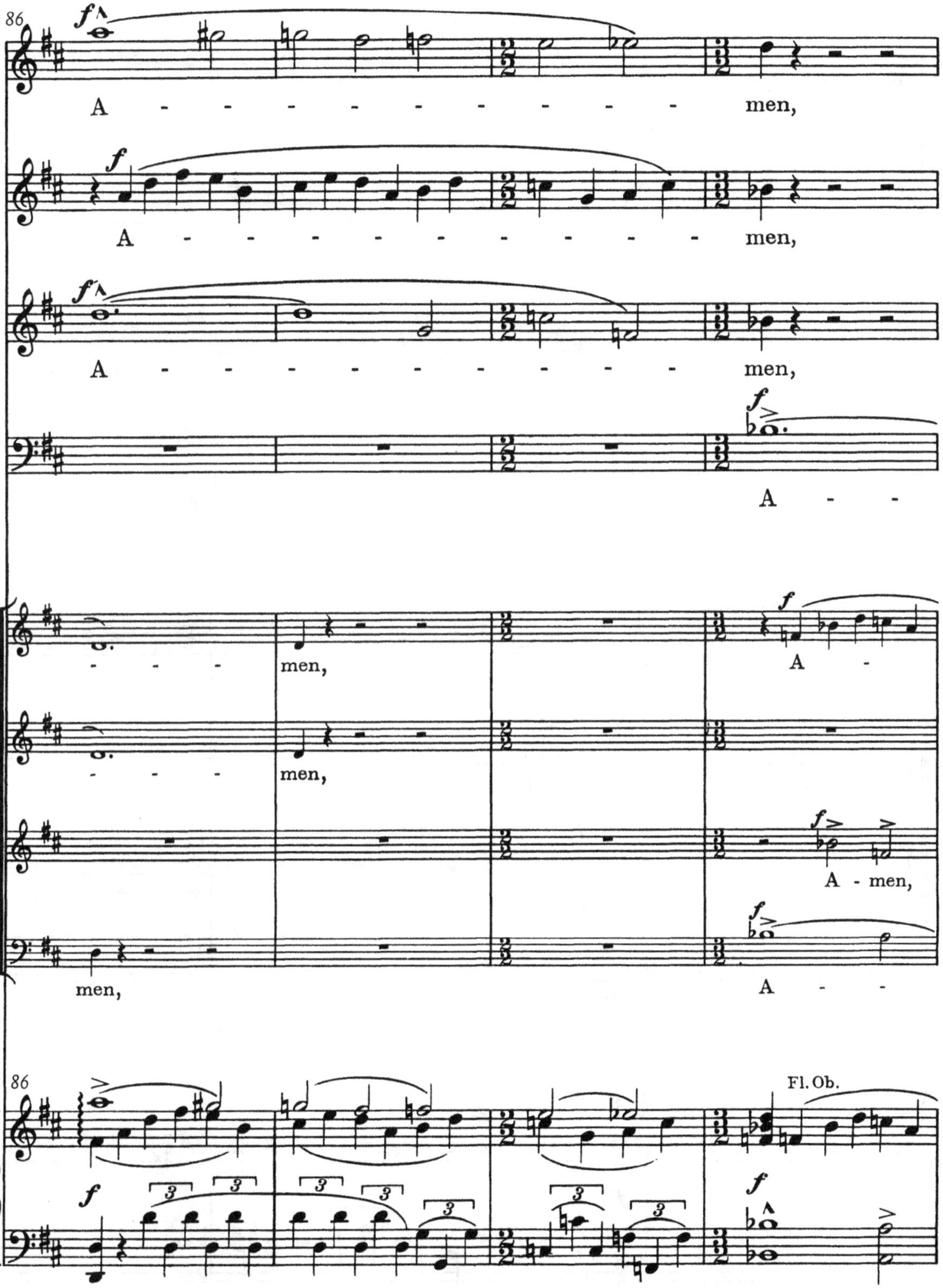
86
A - - - - - - - - - - - men,
A - - - - - - - - - - - men,
A - - - - - - - - - - - men,
A - -
- - - men,
- - - men,
A - men,
men,
A - -
A -
86
Fl. Ob.

90
f
A - - - - - - men,
f
A - - - - - - men,
f
A - - - - - - men, A - men,
- - - men,
A - - - -
- - - men,
A - -
f
A - men,
f
A - - - - - - men, A - men,
- - - men,
A - -
90
f

A - - - - - - men, A - men,
A - - - - - - men, A - men,
A - - - - - men, A - men,
- - - men, A - men,
- - - men, A - men,
A - men, A - men,
A - - - - - men, A - men,
- - - men, A - men,
94

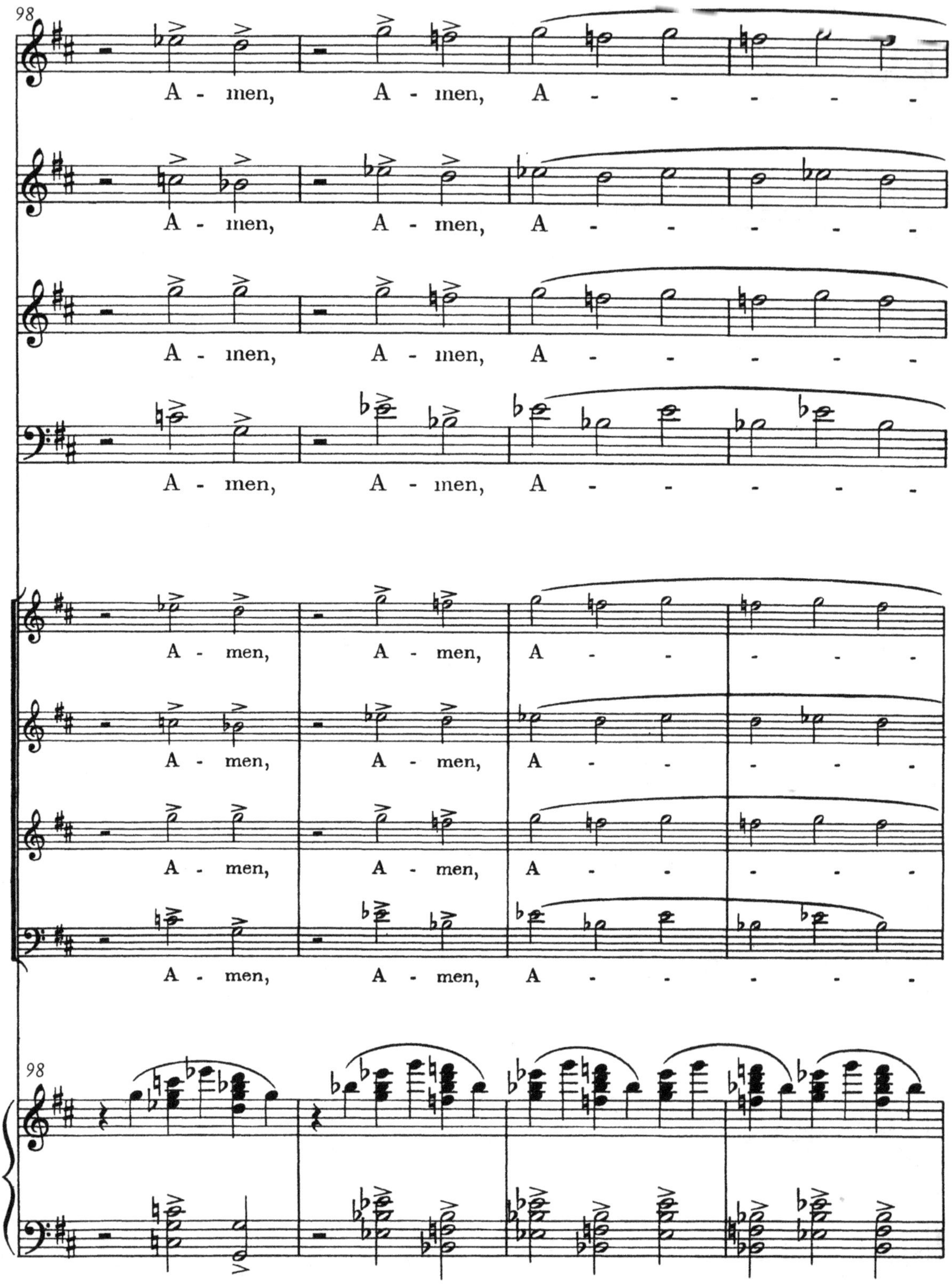

102
- men, A - - men, A -
- men, A - - men, A -
- men, A - - men; A -
- men, A - - men, A -
- men, A - - - men,
- men, A - - - men,
- men, A - - - men,
men, A - men, A - men,
102

106
- men, A - - men, A - men,
- men, A - - men, A - men,
- men, A - - men, A - men,
- men, A - - men, A - men,
A - - - men, A - - - - men,
A - - - men, A - - - - men,
A - - - men, A - - - - men,
A - men, A - men,
106

110
A - - - - men, A - - - - men,
A - - - - men, A - - - - men,
A - - men, A - - men,
A - - men, A - - men,
A - - men, A -
A - - men, A -
A - - men, A - - men,
A - - men, 110 A - - men,
110
f Cor. c. Ten.
Ped.
Ped.

114
A - - - - men, A - - - - -
A - - - - men, A - - - - -
A - - men, A - - - - -
A - - men, A - - - - -
- men, A - - men, A -
- men, A - - men, A -
A - - men, A - - - -
A - - men, A - - - -
114
Ped.
Ped.

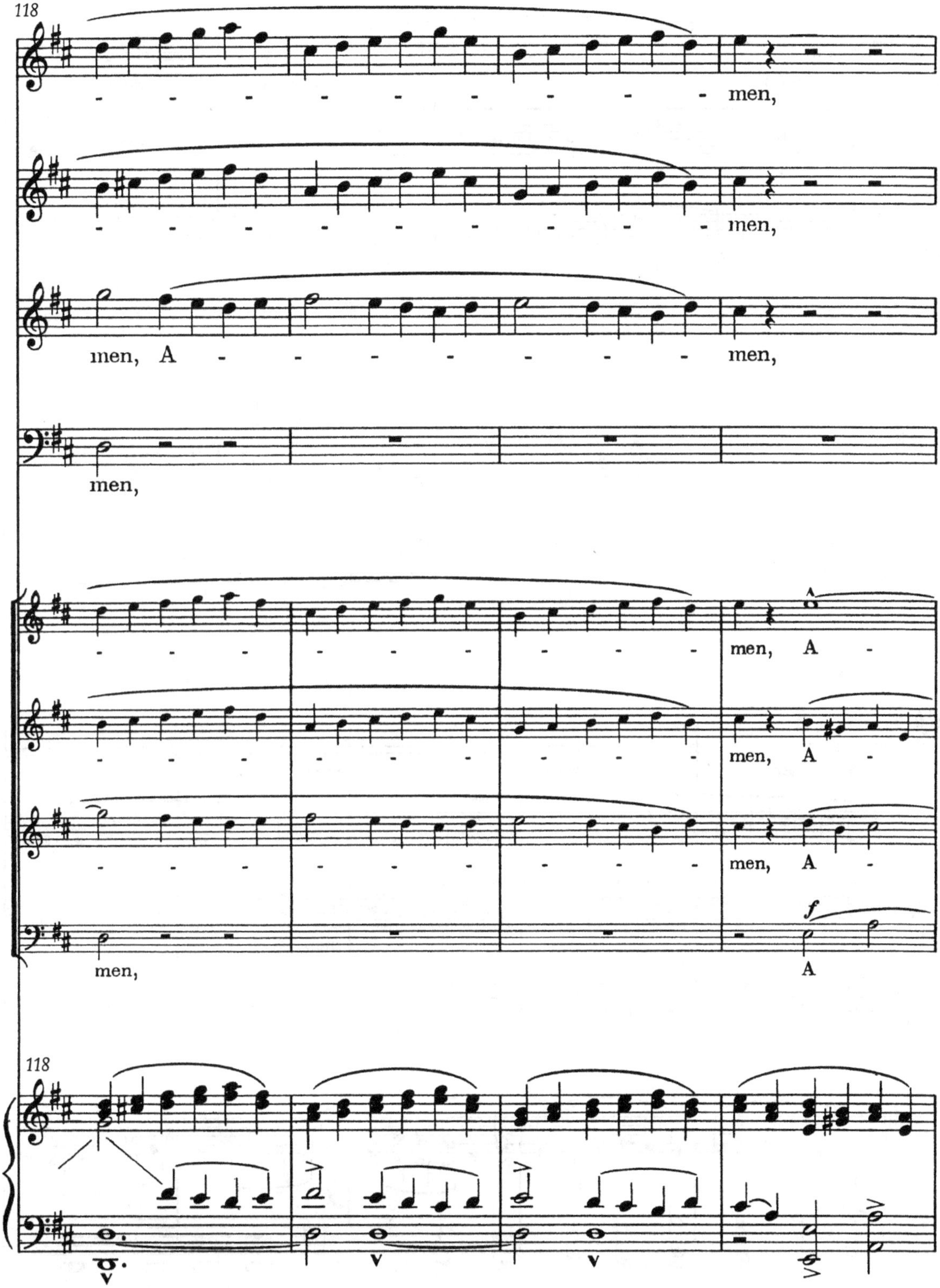
118
men,
men,
men, A - - - - - - - men,
men,
- - - - - - - - - - - - men, A -
- - - - - - - - - - - - men, A -
- - - - - - - - - - - - men, A -
f
men,
A
118

122
- men, A - - - - - - men, A - men,
- men, A - - - - - men, A - - - -
- men, A - - men, A - - -
122
126
A - men, A - men, A - men,
men, A - -
men, A - - -
men, A - - -
126
f
Ped.
fz

131
SOPRANO SOLO
A - - - - - - - - - - men,
ALTO SOLO
A - - - - - - - - - - men,
TENORE SOLO
A - - - - - - - - men,
BASSO SOLO
A - - - - - - - - men,
A - - - - - - - - - - men,
men,
A - - - - - - - - - - - - -
men,
A - - - - - - - - - -
men,
A - - - - - - - - - - - -
131
Ped.

135
f
A - - - - - - - - - - - - - - men, A-men,
f
A - - - - - - - - - - - - - - men, A-men,
f
A - - - - - - - - - - - - - - men, A-men,
f
A - - - - - - - - - - - - - - men, A-men,
A - - - - - - - - - men, A-men, A-men,
men, A - men,
men, A - - - - - - - - - - - - men, A - men,
men, A-men, A-men,
135
ff
Trbni
Trbni

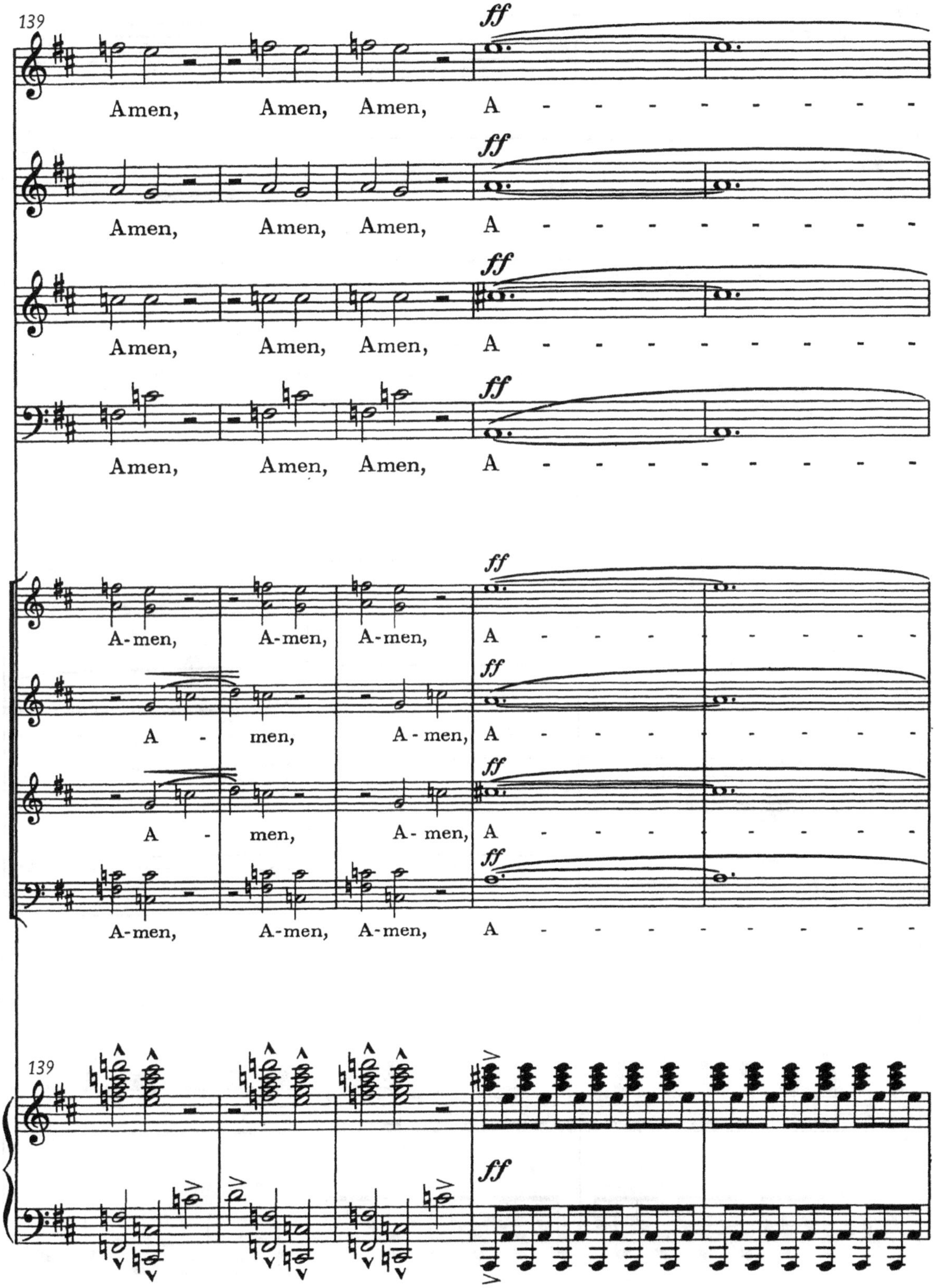
139
ff
Amen, Amen, Amen, A - - - - - - - - - - - - - -
Amen, Amen, Amen, A - - - - - - - - - - - - - -
Amen, Amen, Amen, A - - - - - - - - - - - - - -
Amen, Amen, Amen, A - - - - - - - - - - - - - -
A-men, A-men, A-men, A - - - - - - - - - - -
A - men, A - men, A - - - - - - - - - -
A - men, A- men, A - - - - - - - - - -
A-men, A-men, A-men, A - - - - - - - - - - - - -
139

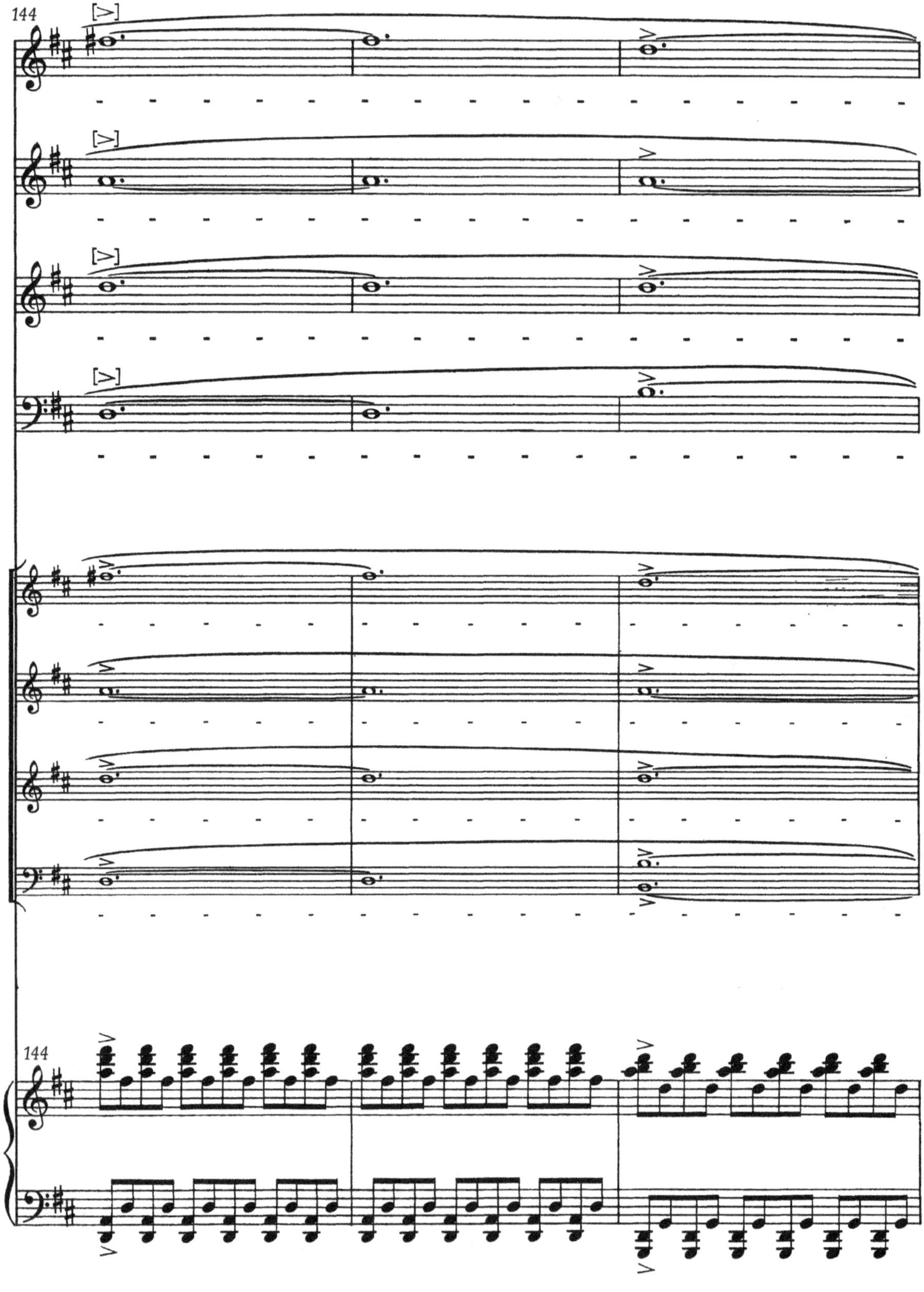
144
[>]
[>]
[>]
[>]
144

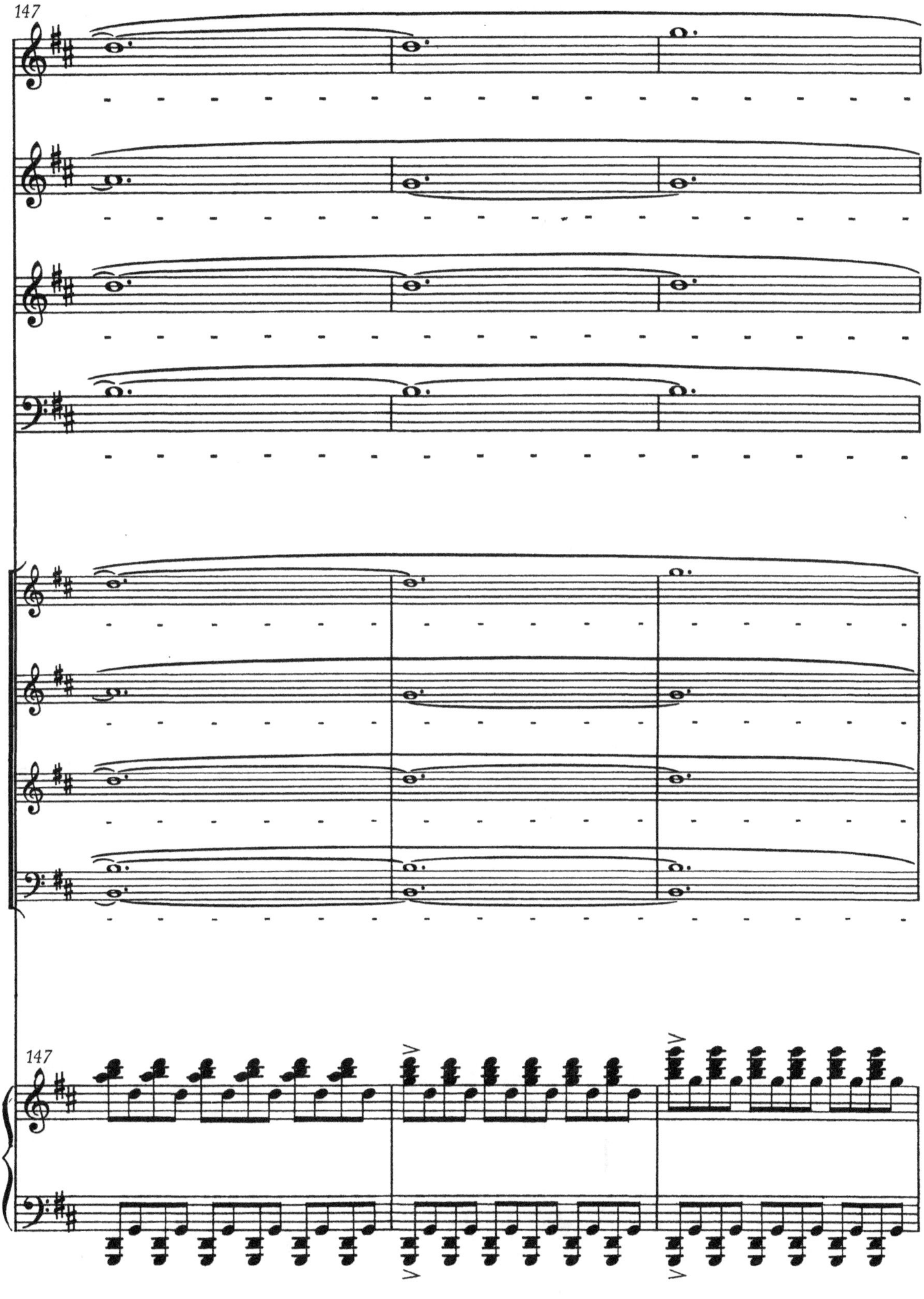
147
147

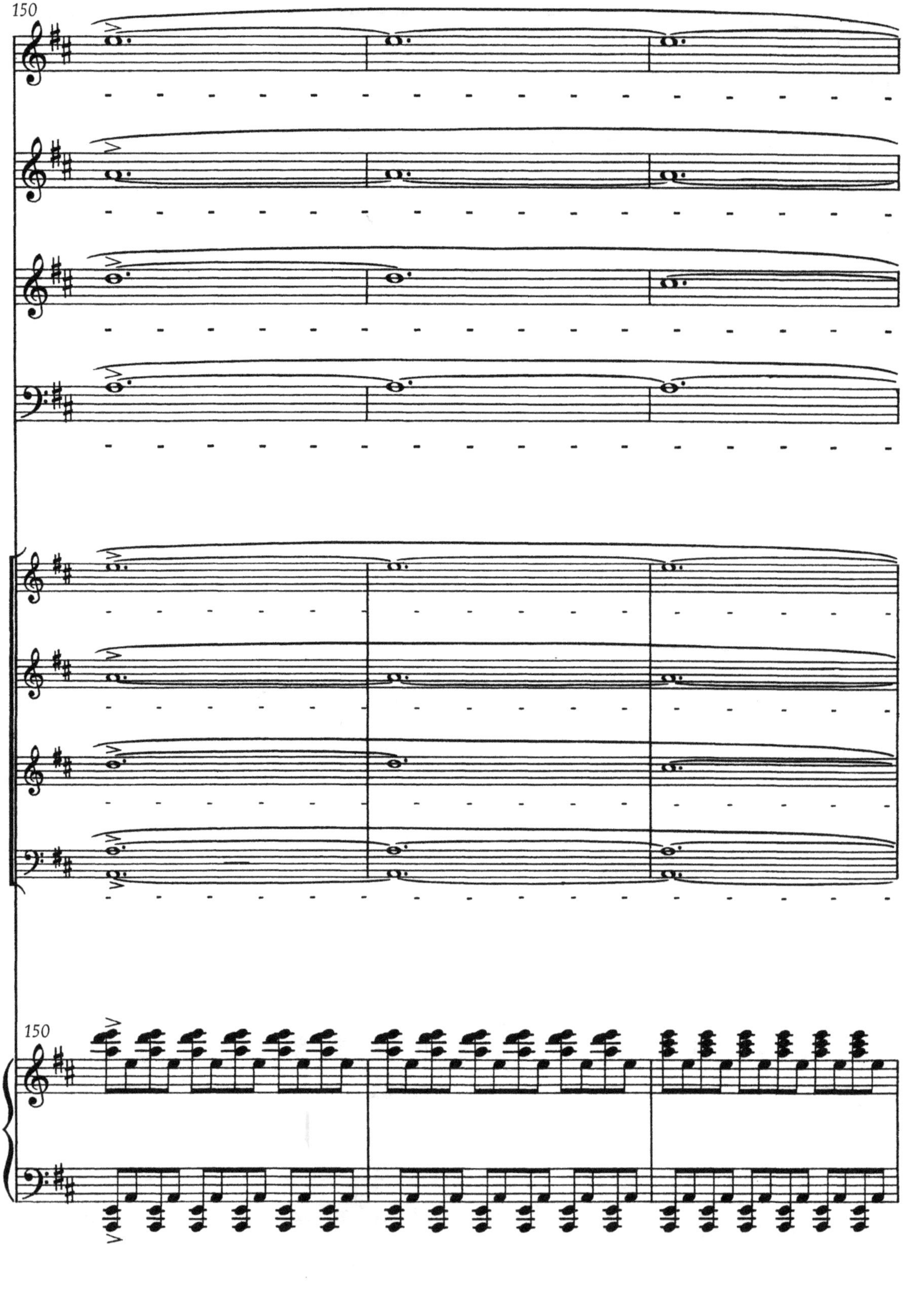
150
150

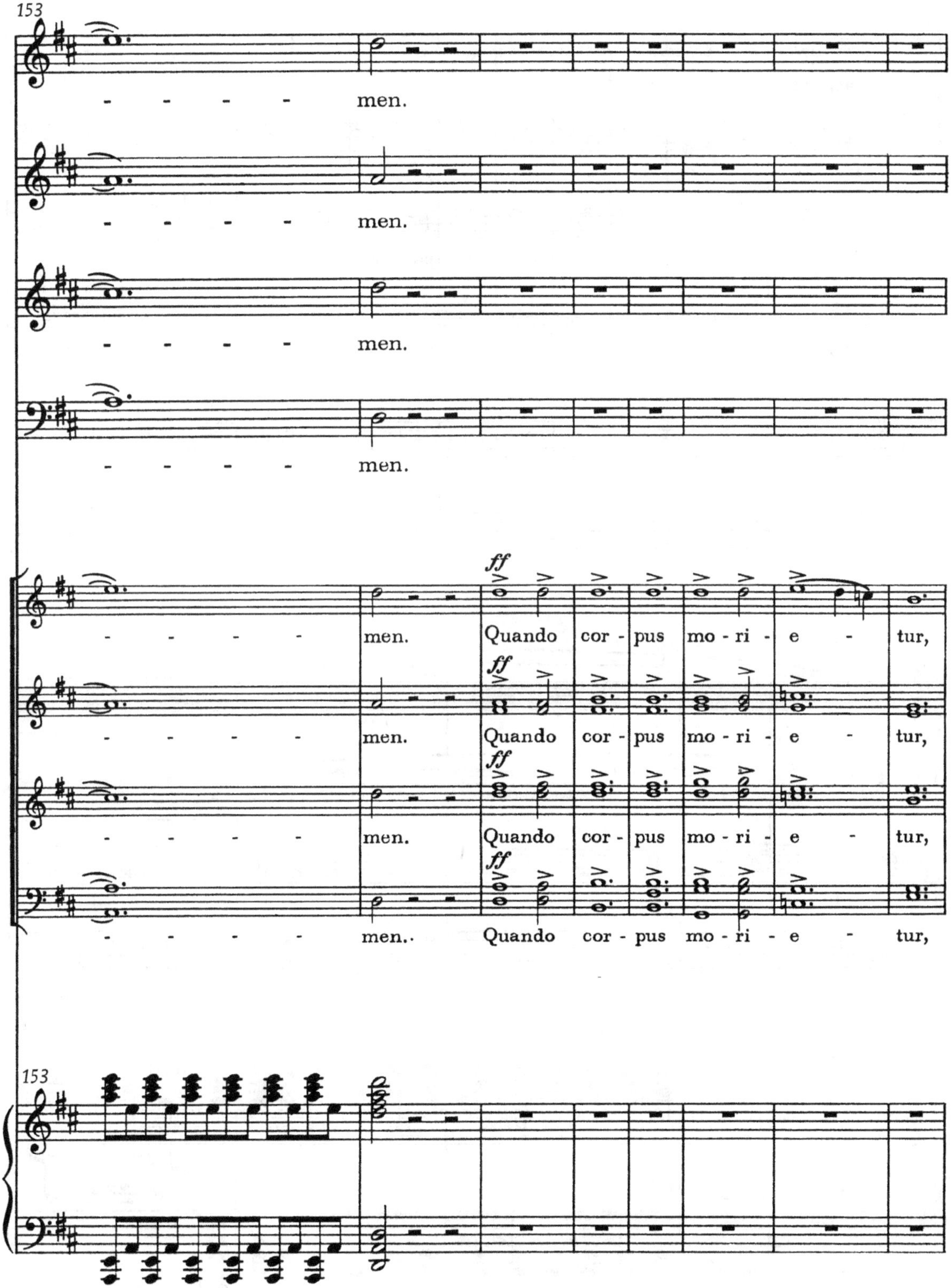
153
- - - - men.
- - - - men.
- - - - men.
- - - - men.
ff
- - - - men. Quando cor - pus mo - ri - e - tur,
ff
- - - - men. Quando cor - pus mo - ri - e - tur,
ff
- - - - men. Quando cor - pus mo - ri - e - tur,
ff
- - - - men.. Quando cor - pus mo - ri - e - tur,
153

fac, ut a - ni - mæ do - ne - tur pa - ra - di - si, pa - ra - di - si

fac, ut a - ni - mæ do - ne - tur pa - ra - di - si, pa - ra - di - si

fac, ut a - ni - mæ do - ne - tur pa - ra - di - si, pa - ra - di - si

fac, ut a - ni - mæ do - ne - tur pa - ra - di - si, pa - ra - di - si

glo - - - - - - - - - - - - - ri - a.

glo - - - - - - - - - - - - - ri - a.

glo - - - - - - - - - - - - - ri - a.

glo - - - - - - - - - - - - - ri - a.

Archi

Timp.

Ped.

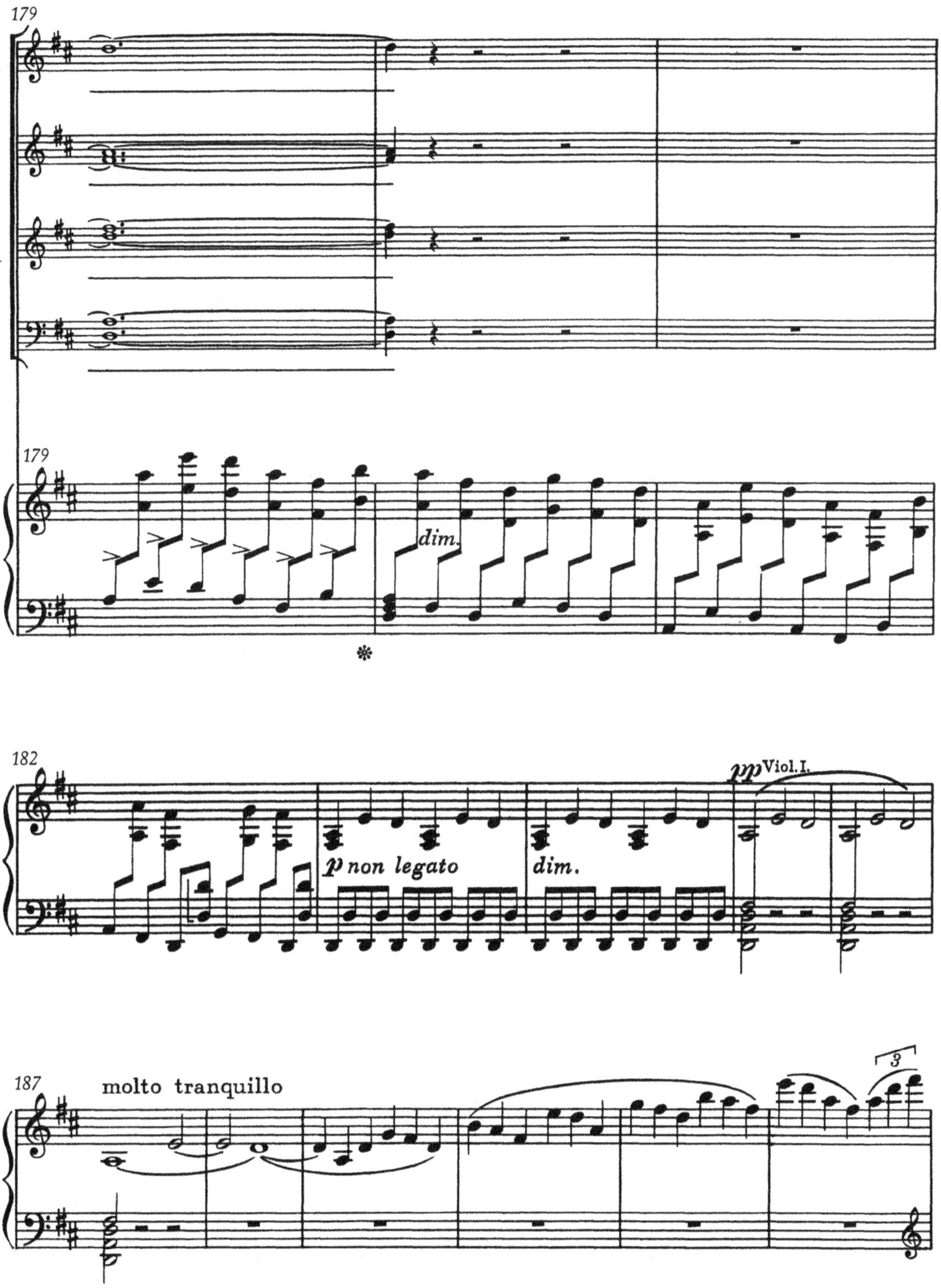

SOPRANO SOLO
193
pp
A - - - - men, A - - - - men,
ALTO SOLO
TENORE SOLO
BASSO SOLO
CORO
Soprani
pp
A - - - - men, A - - - - men,
Alti
Tenori
Bassi
193
pp
Vlc. Fag.
sempre Ped.

197
A - - - - - - men.
pp
A - - - - men,
pp
A - - - - men,
A - - - - - - men.
pp
A - - - - men.
pp
A - - - - men,
197
pp sempre e molto tranquillo
Cor.

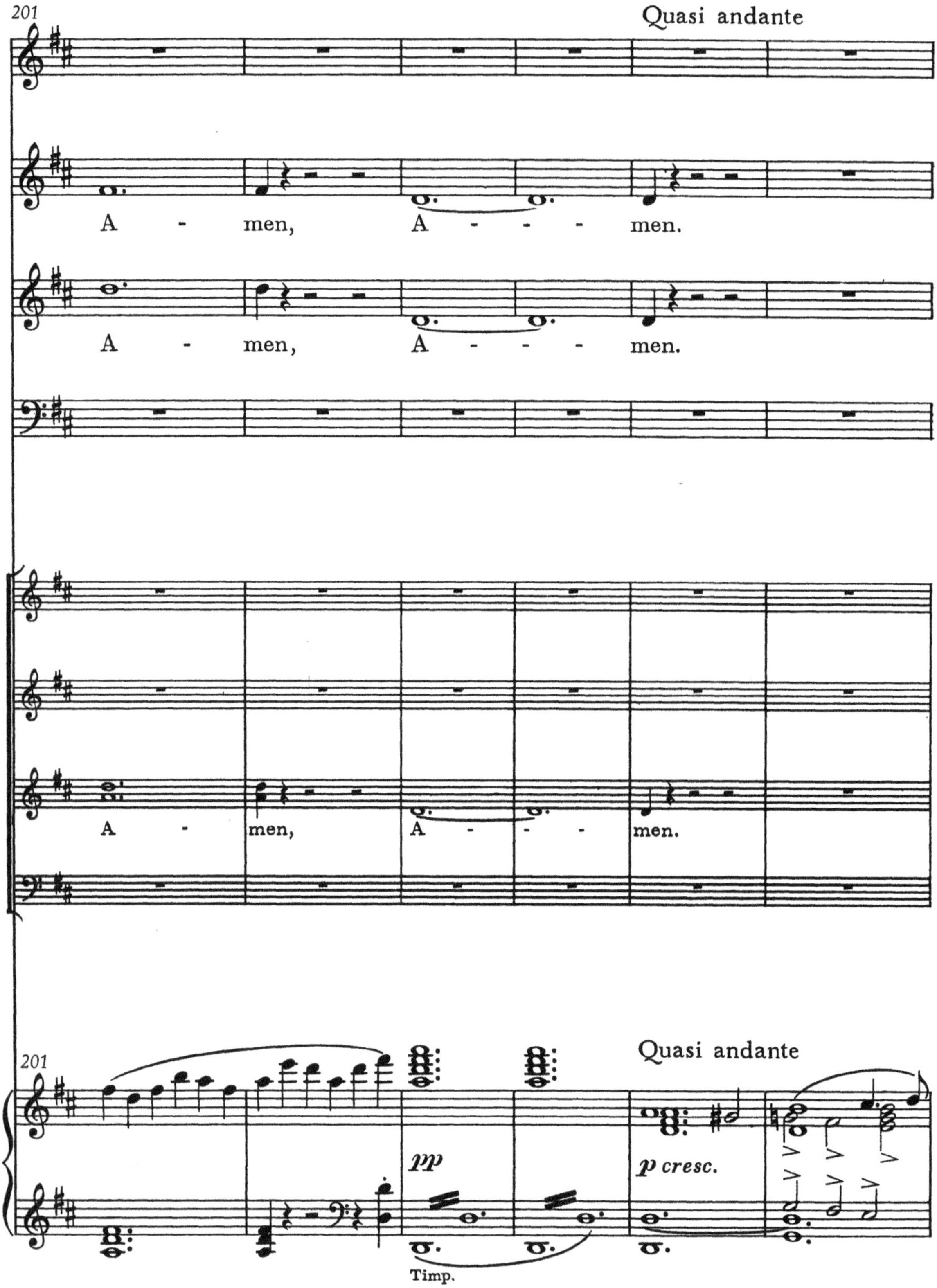

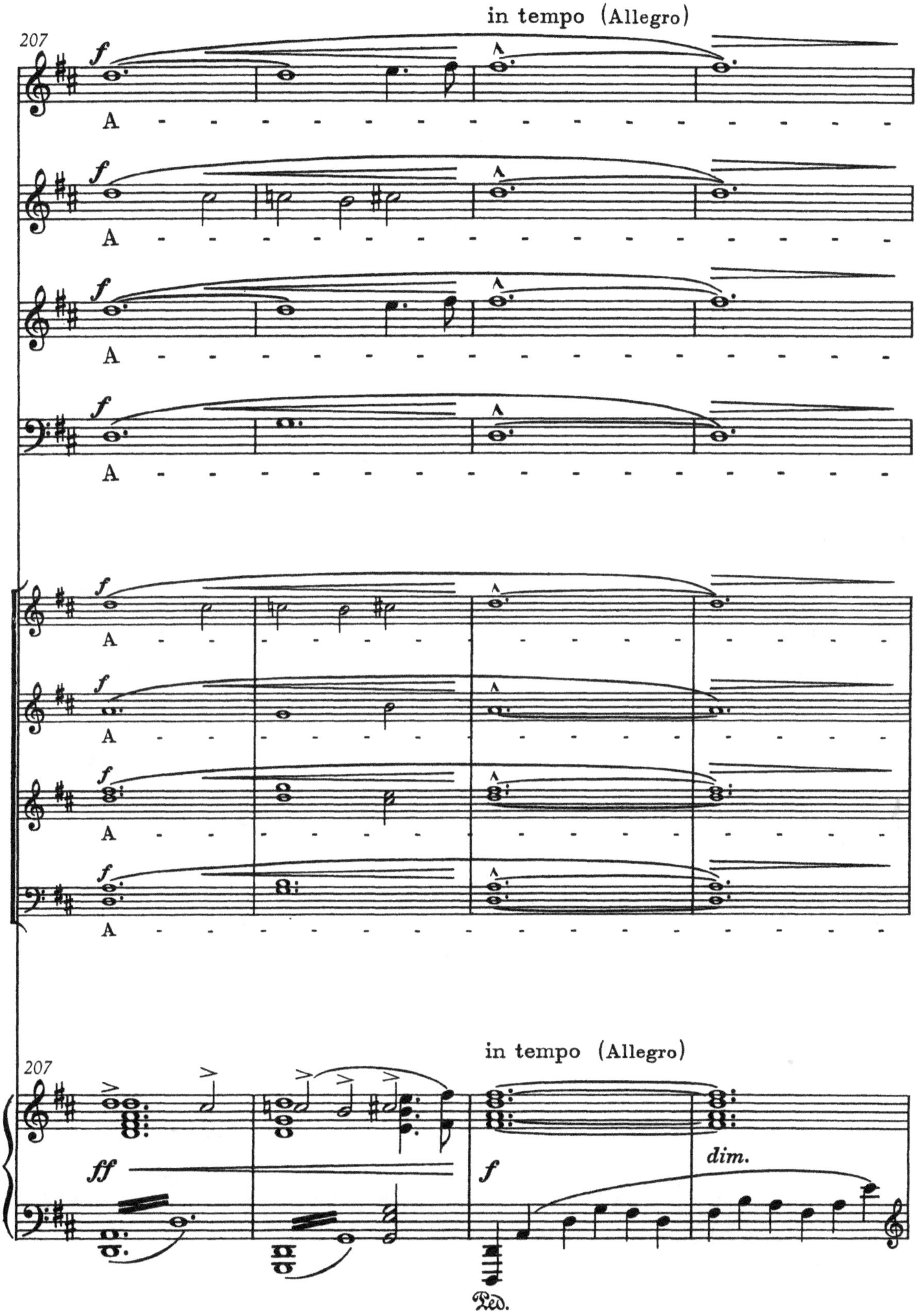
in tempo (Allegro)
207
f
A
ff
dim.
Ped.

211
men.
men.
men.
men.
men.
men.
men.
men.
211
Legni
p
Vla
dim.
Viol. II.
Viol. I.
pp
Ped.
216
Vla
Ped.
ppp
Timp.

www.ingramcontent.com/pod-product-compliance
Lightning Source LLC
Chambersburg PA
CBHW081230090426

42738CB00016B/3245